BORDEAUX — LA GIRONDE

LES GRANDS PORTS FRANÇAIS

Collection publiée
sous la direction de **M. A. DUPOUY**
Professeur au Lycée Michelet

———

Ouvrages parus :

Nos Trois Ports du Nord, par H. Malo............ **11** francs
Le Port du Havre, par G. Weulersse............ 13 —
Le Port de Rouen, par A. Dupouy............... 11 —
Le Port de Paris, par E. Colin.................. 14 —
Les Ports de la Basse-Loire (Nantes et St-Nazaire),
   par E. Colin................................ 14 —
La Rochelle et Bayonne, par C. Vergniol.......... 9 —

Paraîtront prochainement :

Dieppe, Caen et Cherbourg, par Ph. Gidel.
Brest et Lorient, par A. Dupouy.
Cette, Port-Vendres et Nice, par G. Martin.
Le Port de Marseille, par J. Léotard.
Le Port de Strasbourg, par G. Arnaud.

LES GRANDS PORTS FRANÇAIS

BORDEAUX ET LA GIRONDE

PAR

HENRI LORIN

Professeur à la Faculté des Lettres de Bordeaux

DÉPUTÉ DE LA GIRONDE

PARIS

DUNOD, Editeur

Successeur de H. DUNOD et E. PINAT

47 ET 49, QUAI DES GRANDS-AUGUSTINS (6ᵉ)

1921

GARONNE MARITIME et GIRONDE
BORDEAUX
PAUILLAC
BLAYE
BOURG
ROYAN
JONZAC
PONS
- Légende -
Lignes Principales.
Lignes Secondaires.
Chemins de fer Economiques

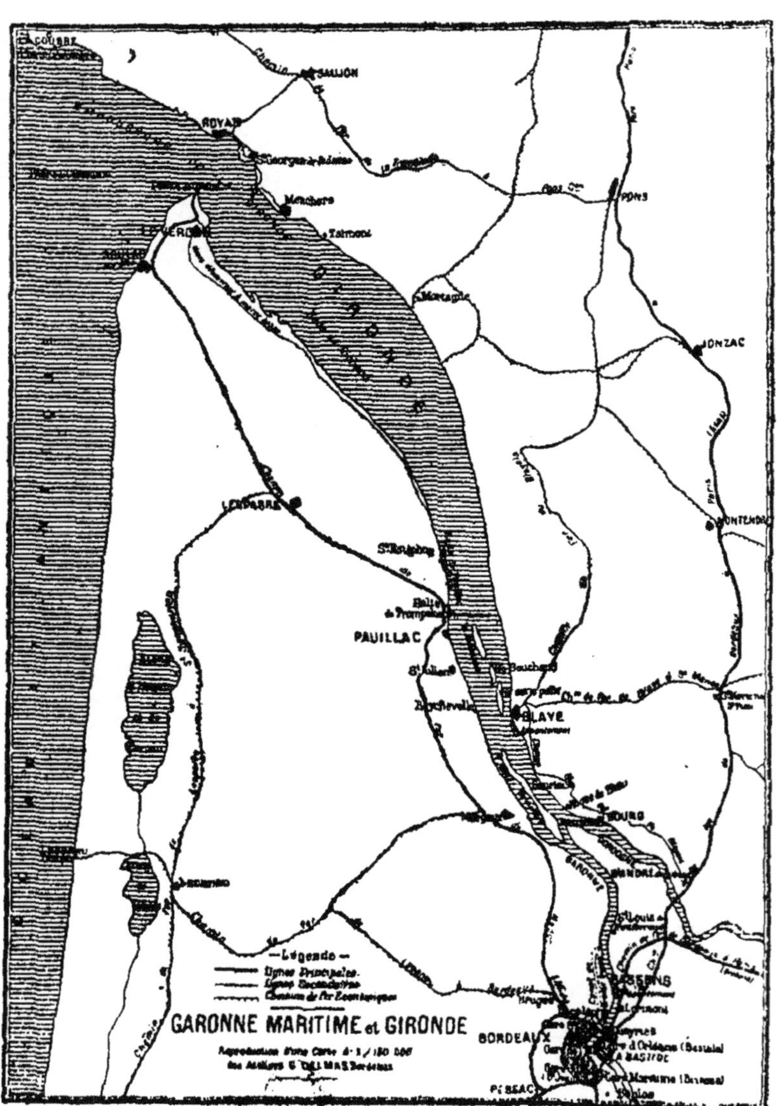

Fig. 1.

CHAPITRE PREMIER

COUP D'ŒIL SUR L'HISTOIRE

Les origines de Bordeaux

La nature a marqué l'emplacement d'une grande ville et d'un grand port là où s'éploie, sur la rive gauche de la Garonne, le croissant de Bordeaux. En cet endroit, à 100 kilomètres environ de la mer, le fleuve s'enroule autour d'un promontoire calcaire et creuse un bassin, profond, relativement abrité des vents ; au sommet extérieur de cette courbe, sur la rive occidentale, deux ruisseaux affluent dans le lit principal, le Peugue· et la Devèze. Comme la marée remonte fort au-delà de ces petites embouchures, les estuaires (*esteys*) de ces menues rivières forment des baies où les barques accèdent aisément aux hautes eaux, pour reposer ensuite sur la vase lorsque le flot descend ; le contact entre la terre et l'eau courante est ainsi facile, du fait même du jeu biquotidien qui en modifie la ligne ; le retrait de la marée accole immédiatement à la rive, sans l'intermédiaire d'un quai artificiel, le navire chargé que le montant a porté au milieu des terres.

A l'âge où les dimensions des bâtiments étaient

médiocres, aussi bien que le volume des échanges, ces avantages suffisaient à fixer sur les bords de la Garonne un foyer d'actives transactions. L'ancien nom de Bordeaux, *Burdigala*, lui aurait été donné par des populations ibériques, que chassèrent ensuite des tribus gauloises. Le géographe grec Strabon, qui écrivait dans les premières années de l'ère chrétienne, signale qu'il y avait là un *emporium*, c'est-à-dire un marché, où les Romains de la « Province » (bas Languedoc actuel) et les négociants hellènes de Marseille venaient trafiquer avec les indigènes. Dès l'aube de l'histoire, Bordeaux apparaît donc une ville de commerce, dont le réseau des cours d'eau assure la fortune ; c'est à bon droit que, dans ses armes, elle a gardé le croissant qui signifie la féconde cambrure de son fleuve, car elle demeura longtemps fluviale, avant de devenir maritime.

Un coup d'œil sur la carte indique immédiatement les bénéfices de cette position : là se croisent deux routes, suivant lesquelles les migrations de races, les expéditions militaires, les tournées de marchands se sont déroulées d'un rythme pour ainsi dire fatal, au cours des siècles. L'une conduit de la France septentrionale aux Pyrénées et à la péninsule ibérique, en évitant par l'ouest le relief accidenté et le climat extrême du Massif Central ; l'autre est celle que tracent, en sens opposés, l'Aude et la Garonne, entre la Méditerranée et le golfe de Gascogne, le chemin le plus court de « l'isthme français ». Pas de rudes obstacles à franchir sur l'une ni sur l'autre ; le seuil du Lauraguais s'étale, par moins de 200 mètres d'altitude, entre les deux mers et de même, le seuil du Poitou laisse largement ouvertes les communications entre la basse

Garonne et la Loire moyenne. Bordeaux est un des anneaux de la chaîne qui court, par plaines et vallées aisément accessibles, tout autour de la rude France du Centre, comme Toulouse, Narbonne, Arles, Lyon, Paris, Orléans, Poitiers ; tous noms de villes romaines amplifiant des bourgades gauloises, de foires pour les marchands, de clefs stratégiques et de champs de bataille pour les soldats.

Une rivière comparable à la Garonne, la Dordogne, se jette dans la première à 25 kilomètres en aval de Bordeaux. Libourne est, sur la Dordogne, une réplique de la cité garonnaise, fort bien située elle aussi, mais dont la croissance ne fut jamais égale. La raison fort simple en est que la vallée de la Dordogne finit en impasse dans le Massif Central, tandis qu'en suivant la Garonne, on accède insensiblement du domaine atlantique au domaine méditerranéen ; n'est-il pas caractéristique que Toulouse, capitale du Languedoc, ait grandi en excentrique à la région dont elle est la capitale, précisément au point où la Garonne, gave pyrénéen et cours d'eau régional en amont, tourne au nord-ouest et se transforme, dès lors, en route de relations interprovinciales ? Libourne, au contraire, n'est qu'une étape sur la voie de l'Ile de France aux Pyrénées, un magasin d'attente pour les produits qui descendent, par petits envois, du centre français ; elle est une annexe évidente de Bordeaux. C'est justement que, entre la Garonne et la Dordogne, celle-ci a été classée affluent ; mais il n'est pas moins évident que les pays de la Dordogne apportent un élément très notable à la prospérité de Bordeaux ; ainsi s'affirme, à premier examen, la solidarité des diverses parties du bassin girondin.

Un riche trésor de valeurs locales est amassé autour de Bordeaux. Les deux rives de la Garonne ne se ressemblent pas, de sorte que leurs ressources propres sont complémentaires plutôt que concurrentes. Au nord, se dressent des falaises, derniers bastions du Massif Central ; la basse Dordogne y a foré sa vallée sinueuse, plus abrupte à droite qu'à gauche, mais toujours assez étroite, tandis que la Garonne s'est moulée sur leurs contreforts méridionaux. Les collines de droite servent le fleuve de près, laissant de loin en loin des plages d'alluvions, par où les vignobles des pentes font descendre leurs récoltes vers de petits ports ; à gauche, la plaine domine, basse et souvent marécagueuse autour *d'esteys* boueux, puis relevée en ondulations de sables et de graviers, propices à des cultures de fruits, ensuite à des forêts ; la transition se marque ainsi vers les Landes, où les bruyères et les bois font une nature plus fruste que les terres labourables bordant le fleuve. Aussi la population se presse-t-elle le long de la Garonne, où elle cultive pour ses propres besoins et pour l'exportation, tandis que l'intérieur est pour elle une sorte de colonie, exploitée plutôt qu'habitée. Tels furent, jusqu'à une époque rapprochée de la nôtre, les traits essentiels de la vie économique de la région qui encadre Bordeaux.

La ville romaine

La capitale de cette « Aquitaine » privilégiée, au climat tempéré, aux produits divers, est citée dès les temps romains comme une grande cité. Publius Crassus, lieutenant de César, l'avait occupée sans résistance en 56 avant Jésus-Christ ; elle connut alors plusieurs siècles de la vie brillante et tranquille, coupés seulement, en 276 de l'ère chrétienne, par une invasion germanique après laquelle, — la tradition remonte haut, — une totale réparation s'imposa ; l'honneur des Bordelais de cet âge antique fut d'avoir rapidement fermé cette triste parenthèse de leur fortune. La cité romaine de Bordeaux édifia des temples, de somptueuses maisons privées, un amphithéâtre ; elle s'approvisionna d'eau pure par un aqueduc qui lui amena, du Sud, des sources claires filtrées par les sables ; les constructions en briques et en pierre, souvent en marbre, remplacèrent les cabanes de bois, couvertes en chaume et en terre. Des routes en partaient, vers les Pyrénées et vers Toulouse. La population urbaine, au IIIe siècle après Jésus-Christ, atteignait 60.000 habitants ; on peut juger de l'opulence des notables par leurs monuments funéraires, dont plusieurs sont conservés dans le musée lapidaire actuel. Déjà les vins d'Aquitaine étaient célèbres ; des généraux et jusqu'à des empereurs romains séjournaient à Bordeaux, en route pour les stations thermales de Dax et des Pyrénées.

Après l'ouragan de 276, Bordeaux se fortifia, pour reprendre en sécurité sa vie de commerce et d'allègres distractions. Une enceinte, percée de quatorze portes, engloba tout le centre de la ville d'aujourd'hui ; le port de la Devèze y avait été enclos, avec une issue spéciale dans les murailles ; le ruisseau le Peugue contribuait à la défense, formant le fossé des remparts du côté du Sud. Il convient de constater que ce camp protégeait, avec un soin évident, les libres relations de la ville avec le fleuve ; elles étaient, en effet, capitales pour la richesse et même pour la vie quotidienne de la cité. Mais rien n'indique encore que Bordeaux s'inquiétât des choses de la mer. Le poète latin Ausone, qui décrivait au IVᵉ siècle le pays bordelais, vante les collines chargées de vignes, la douceur tiède du climat, l'aisance de la vie dans la ville et dans les maisons de campagne des coteaux ; élève et professeur de l'Université romaine de Bordeaux, cet Aquitain, fils d'un médecin de Bazas, regrettait, sur les bords du Rhin, les paysages familiers de la Garonne ; mais il était foncièrement un terrien, la mer ne l'intéressait pas. Les mosaïques des villas d'alors, dont nous avons retrouvé de belles reliques, sont décorées de motifs tout agricoles ; le pampre de la vigne en est l'ornement usuel.

Les propriétaires de l'âge romain, — des indigènes romanisés beaucoup plus généralement que des immigrés d'Italie, — étaient entourés d'un confort qui accuse, dès l'origine, un des caractères principaux de la vie sociale en pays girondin ; leurs maisons, bien meublées, étaient pourvues d'une circulation d'eau et de véritables calorifères ; les bois proches des Landes étaient débités pour chauffer leurs chambres et leurs salles de bains. Nombre de leurs habitations ont été le noyau de villages, dont les églises furent dédiées à des saints des premiers siècles chrétiens, notamment saint Martin. Souvent les noms de ces anciens possesseurs du sol ont été conservés dans la nomenclature géographique, avec une terminaison en *acum* ou *anum* : Floirac veut dire le domaine de Florus ; Pauillac, celui de Paul ; Léognan, celui de Léon ; Carignan, celui de Carinus (1). D'après M. Jullian, professeur au Collège de France, quelques familles

____

(1) Voir la *Petite Histoire Girondine*, de MM. J.-A. Brutails et P. Courteault. — Bordeaux, 1918.

patriciennes tenaient ainsi la majeure partie des terres
du Bordelais ; les produits de leurs domaines, vendus
à des marchands de profession, entretenaient le commerce local, principalement fondé sur l'agriculture et
aussi sur le séjour à Bordeaux, ville d'étape, de nombreux visiteurs étrangers.

Le Moyen-Age et la domination anglaise

La fin de l'empire romain, les invasions des Goths
au début du V° siècle ont retenti certainement sur
Bordeaux, mais sans que nous connaissions, par des
documents précis, la portée de ces contre-coups. Clovis, victorieux près de Poitiers, écrasa les défenseurs
de l'indépendance aquitanienne, Visigoths implantés
après les Romains dans la population indigène ;
Charles Martel arrêta entre Poitiers et Tours la ruée des
Sarrazins, descendus d'Espagne et qui ont certainement
franchi la Gironde non loin de Bordeaux. Les évêchés,
en Aquitaine, se sont substitués aux anciennes « cités »
de l'administration romaine, mais il n'apparaît de
nouveauté notable, dans l'histoire bordelaise, que lorsqu'arrivent par mer, au IX° siècle, les pirates normands. Charlemagne, dit-on, à Bordeaux ou à
Bayonne, aurait versé des larmes amères en voyant
poindre à l'horizon ces voiliers mystérieux, dont il
attendait tant de tristesses pour ses successeurs ; en 848,
des Normands se seraient emparés de Bordeaux. Quoi
qu'il en soit, les Bordelais ont dû, depuis lors, regarder
vers la mer ; il leur en vint d'abord des agresseurs,
mais dont le climat eut vite faite d'apaiser la fougue et
par qui des chances s'ouvrirent pour de plus tranquilles rapports. Par eux, lorsque Bordeaux et l'Aquitaine, alors nommée Guienne, dot de la princesse

Eléonore, passèrent sous l'obédience anglaise (1152), l'habitude était prise de ne plus considérer l'Océan comme une limite ; déjà les Bordelais faisaient du commerce par mer.

Les trois siècles de la domination anglaise ont renforcé ces habitudes et étendu ces relations. Les souverains britanniques semblent avoir fort heureusement compris le tempérament girondin, docile aux suggestions de l'intérêt, mais réfractaires aux procédés d'autorité, très épris d'autonomie régionale, volontiers critique devant les commandements et créateur dans la liberté. Au XIIe siècle, nous voyons Bordeaux sous une administration communale et, tout autour, ce sont aussi des communes qui grandissent, animées du même esprit. Les négociants bordelais s'attachent à ce régime peu tracassier, au cours duquel la suzeraineté britannique leur impose moins de chefs qu'elle ne leur assure des clients ; dans la hiérarchie féodale du Moyen-Age, la ville acquiert autour de ses murs des seigneuries sur des vignobles, des terres à blé, des bois ; elle bâtit, sur des ruelles tortueuses, des demeures intérieurement magnifiques ; elle élève d'admirables églises. Ses bourgeois se réunissent dans la cathédrale, commencée en 1096 ; le chocher de Saint-Michel dresse vers le ciel sa flèche audacieuse qui, pointant à plus de 100 mètres au-dessus de la Garonne, sera achevée l'année même de la découverte de l'Amérique, 1492, — date doublement mémorable pour Bordeaux.

La vie locale et l'administration des rois de France

Mais les rois capétiens ne pouvaient abandonner à des maîtres étrangers les riches provinces du Sud-Ouest, que l'épisode d'un mariage princier avait arrachées à leur couronne : les pays de la Gironde et de la basse Dordogne ont ainsi vécu, pendant de longues années, les épreuves des régions frontières ; un peu malgré eux, peut-être, et contrairement aux indications qui tombent de la clémence de leur ciel, ils se sont militarisés. Le mouvement communal d'une part, les vicissitudes de la guerre franco-anglaise de l'autre, ont peuplé les vallées de citadelles, de « bastides » qui ont couronné les promontoires ; on fortifiait alors des maisons particulières, des églises, des moulins, autour desquels se tassait la population rurale, pendant les moments de crise. Bordeaux avait passé des traités avec des villes moindres, qui gravitaient dans l'orbite de ses affaires maritimes et dont l'activité lui était précieuse ; elle les nommait ses « filleules », attentive à respecter leurs privilèges, mais aussi à leur garantir, en cas de besoin, conseils et concours : Bourg, Libourne étaient au nombre de ces villes associées. A Bourg, une des routes venant du nord descendait vers un bac de la Gironde ; à Libourne étaient rassemblés, avec les vins du Saint-Emilionnais, les grains des pentes occidentales du Massif Central, les bois et les châtaignes de l'intérieur.

A quelques pas de Saint-Emilion, Castillon est le champ de la bataille par quoi la monarchie de France recouvra son domaine aquitain (1453). Deux ans auparavant, Dunois, général de Charles VII, était bien rentré à Bordeaux, mais la ville avait rappelé les Anglais, parce que le roi de France avait débuté par lui réclamer un impôt. Il est remarquable que le régime anglais, en cette qualité, ait laissé si peu de traces en Gironde ; la population l'avait admis parce qu'il s'était modelé sur elle-même et qu'il s'était réduit, sauf quel-

ques incidents brefs et violents, à une suzeraineté
presque nominale. La monarchie française affirmait
des méthodes plus durement centralisatrices. Paris
n'étant point, comme Londres, séparé par la mer de la
Gironde, il peut y avoir là une explication de la diffé-
rence des procédés, mais les Bordelais ne s'en avi-
saient probablement pas et, de toutes manières,
tenaient avant tout à leurs franchises particulières.
De là de longs malentendus entre les délégués du pouvoir royal et les autorités locales ; gouverneurs et intendants, émissaires du roi, n'ont guère cessé jusqu'à la
Révolution de se quereller avec les jurats, avec les
archevêques, avec les parlements ; prélats et magistrats
incarnaient de bon cœur, avec affectation parfois, l'esprit aquitain... Ce qui n'empêchait pas Bordeaux de
faire, le cas échéant, de somptueuses réceptions aux
rois de France, comme pour proclamer qu'en ses
citoyens les rancunes politiques s'estompent quand
peuvent briller les magnificences de la représentation.

Des émeutes populaires, traduisant en cris et en
gestes d'agitation les mécontentements plus discrets de
la bourgeoisie marchande, traversent l'histoire giron-
dine, du XVe au XVIIIe siècles ; elles ne durent jamais
très longtemps, parce que chez tous la raison et le goût
des affaires l'emportent vite sur les entraînements irré-
fléchis. Derrière ces « faits divers», la vie propre de
Bordeaux continue, mais sans l'éclat des périodes de
grande prospérité. Louis XI, au lendemain de la Guerre
de Cent ans, avait, en même temps qu'il réunit le parlement bordelais, encouragé le commerce et développé
les privilèges du port ; la Guienne, peu à peu, se lie
économiquement au reste du royaume ; le dernier sire
d'Albret indépendant, Alain, qui tenait sous ses péages

tous les passages de la Garonne, de la mer à Agen,
fait, à la fin du XV⁰ siècle, sa soumission au roi de
France. Les légistes, pratiques et très fins, qui conseil-
laient le gouvernement royal, ménageaient les goûts
d'autonomie de la Guienne, récemment réunie ; des
« cadets de Gascogne » trouvèrent dans les guerres
d'Italie l'occasion de servir à la fois le roi de France
et leur passion d'aventures ; d'autres participent aux
expéditions d'outremer, que les découvertes espagnoles
et portugaises ont mises à la mode et leurs récits attirent sur ces pays neufs l'attention des négociants. Mon-
taigne fut élevé au collège de Guienne, fondé en 1533,
dans une ambiance de curiosité universelle.

Cependant, si l'esprit des « politiques » est exactement celui des Girondins, pendant les guerres de religion les troubles civils qui marquent la deuxième
moitié du XVI⁰ siècle paralysent l'essor de Bordeaux.
Catholiques et protestants, divisés en bandes armées,
rivalisent de pillages et de cruautés ; après le règne
réparateur, mais court, de Henri IV (1589-1610), les
violences reprennent, autour des citadelles féodales que
Richelieu veut démolir, autour des « places de sûreté »
protestantes qu'il entend supprimer ; la dernière protestation armée des Girondins contre l'emprise du
pouvoir central date de la Fronde, elle donna lieu à
une répression sanglante et fut suivie de troubles dans
les campagnes : l'incendie des maisons rurales, la des-
truction des vignes et des bestiaux arrêtèrent les travaux des champs, nécessaires à l'existence quotidienne
des citadins, non moins qu'à l'exportation par le port
de Bordeaux. L'ordre ne fut rétabli, mais au prix du
sacrifice de franchises locales, que lorsque s'enracina
dans tout le royaume l'administration dessinée par les

intendants de Richelieu, consolidés par la rude main de Colbert. C'est alors, par contre, le premier âge de nos colonies des Antilles, où vont chercher fortune des Girondins et des Landais, imitateurs des exploits de Gourgues, tandis que le clergé recherche, pour les établir au Canada, des familles rurales de la Saintonge : le grand *old man* canadien contemporain, sir Wilfrid Laurier, descend d'un de ces émigrés d'alors.

Louis XIV plante au cœur de Bordeaux deux forteresses de surveillance, le Château-Trompette, sur l'emplacement actuel des Quinconces, et le Château-du-Ha, qui subsiste encore. Les Bordelais s'en consolent par des épigrammes et des chansons mais, encouragés par la paix, se remettent au travail. On voit alors, en Garonne, des navires français apporter de Lisbonne ou des ports de Hollande les denrées coloniales, les « épices » dont Colbert interdit l'entrée dans le royaume autrement que sous pavillon national ; pour pratiquer ces transactions sans contrevenir aux lois du royaume, des colonies d'hommes du Nord ou des Lusitaniens, — nombre d'israélites parmi ces derniers, — viennent se fixer à Bordeaux. Dés la deuxième génération, ils sont résorbés dans le milieu indigène, les noms seuls de leurs fils révèlent leur origine étrangère. En même temps, l'agriculture gagne sur les terrains pauvres, sables ou marécages, qui entourent le port ; plus batailleurs pendant les guerres de religion, les moines reprennent maintenant un labeur pacifique ; Carmes et Chartreux, stimulés par l'archevêque François de Sourdis, défrichent et plantent au nord et à l'ouest de Bordeaux. Ce sont, pour l'activité bordelaise, autant d'éléments nouveaux ou rajeunis ; la Chambre de commerce est instituée en 1705, à l'ins-

tant où s'ouvre décidément la période de renaissance
dont une autre étape importante est marquée, en 1713,
par la paix d'Utrecht. Philippe V, petit-fils de
Louis XIV, est désormais roi incontesté d'Espagne ;
pour le commerce bordelais, surtout, « il n'y a plus
de Pyrénées ».

L'apogée de la fortune de la Gironde
au dix-huitième siècle

Le XVIII⁰ siècle est, pour Bordeaux, l'apogée de
l'ancien régime : commerce d'Europe et commerce
d'outre-mer, bientôt assortis d'une industrie girondine, accumulent des richesses qui éblouissent, alors,
tous les visiteurs. La population de Bordeaux, qui ne
dépassait guère en 1650, avec 58.000 habitants, les
chiffres de la période romaine, atteint 80.000 âmes en
1750 et 110.000 en 1790 ; l'attraction n'a jamais été
plus vive sur les ruraux de la région et aussi sur les
étrangers, dont beaucoup de notables familles apportent un appoint solide à la bourgeoisie indigène. Le
négoce est le principe fondamental de cette prospérité.
Bordeaux a repris alors, mais sans intermédiaire, les
transports de sucre, de coton, de cacao, dans lesquels
s'étaient auparavant enrichis les « rouliers des mers »,
Portugais et Hollandais. Trente années d'entente cor-
diale avec l'Angleterre (1713-1743) ont renforcé de
l'autre côté de la Manche, pendant la première moitié
du siècle, des amitiés qui s'expriment par de puissantes
affaires ; après avoir expédié à Londres, — ou à
Amsterdam et jusque dans les pays scandinaves, — seulement des cargaisons de vins, les négociants girondins, doublés d'armateurs, se font les transitaires des
denrées centre-américaines ; le sucre des Antilles fran-

çaises, Martinique, Guadeloupe, Saint-Domingue, n'a pas de concurrent sur le marché anglais. Alors qu'on le débitait encore à l'once, chez les « apothicaires », au temps de Louis XIV, on en vend maintenant par grosses quantités, surtout depuis que se généralise l'usage des boissons chaudes d'origine exotique, thé et café.

Avant le XVIIIe siècle, Bordeaux n'avait débordé le commerce proprement dit que sur un domaine très particulier ; la pêche de la morue, dans les parages de Terre-Neuve, faisait, dès l'époque des derniers Valois, l'objet de contrats fréquents entre des capitalistes et armateurs de Bordeaux, des équipages de Bretons ou de Basques, des industriels spécialisés dans la sécherie et la vente du poisson en Europe. Après la paix d'Utrecht, des associations du même genre se multiplient pour d'autres affaires : il y a solidarité, plus ou moins explicitement contractuelle, entre la culture coloniale, l'industrie et le commerce girondins. Bordeaux a des armateurs pour la traite des noirs, commerce alors accepté çomme licite, malgré les objurgations de Montesquieu, et dont les succès étaient honorés par l'administration royale, — celle de Louis XVI, par exemple, anoblissant le négrier bordelais Kater ; les experts distinguaient, par des détails dans les conditions du transport, la traite de Nantes et la traite de Bordeaux. Amenés aux îles, les nègres étaient affectés aux plantations ; beaucoup travaillaient là pour des planteurs commandités ou intéressés par des maisons bordelaises. Les mêmes marchands jalonnaient les rives de la Garonne de chantiers navals de réparation et de construction. On ne s'inquiétait pas alors des possessions d'outre-mer, telles le Canada, dont les produits ressemblent à ceux de l'Europe ; les

seules colonies intéressantes étaient celles des climats
tropicaux ; on sentit donc très peu, à Bordeaux, le sacrifice de la paix de Paris (1763), qui nous coûta le Canada, du moment que nous restaient les îles, où Saint-
Domingue prit bien vite, avec éclat, le premier rang.

Un circuit d'échanges était devenu de pratique courante, en Gironde, sous le règne de Louis XVI ; il était
assuré par des goëlettes de 120 tonneaux, partant pour
les Antilles avec le ravitaillement, vins et eaux-de-vie,
farine, lard, bœuf salé d'Irlande, toile et vêtements,
ustensiles de ménage, matériel de sucrerie, armes et
munitions ; au retour, ces navires apportaient sucre
et rhum, café, cacao, indigo, coton. D'autres vaisseaux distribuaient ces marchandises dans les ports
du nord de l'Europe ; ceux des négriers demeuraient
affectés à leur trafic spécial et parfois, munis de
lettres de marque, cumulaient avec cet emploi un
rôle plus dangereux de corsaires. Sur la Garonne et
la Dordogne, des barques fluviales concentraient et
répartissaient les produits autour de Bordeaux ; il
existait des manufactures de toiles en Saintonge et à
Saint-Macaire, près de La Réole ; les vins du Saint-
Emilionnais descendaient par Libourne, les fruits
séchés arrivaient de Marmande et d'Agen. En 1771,
les colonies envoyèrent à Bordeaux pour 163 millions de francs de marchandises diverses ; à cette
époque, en année moyenne, 125.000 tonneaux de vin
étaient exportés par la Gironde, sur une production
de 200.000. Le premier service postal transatlantique,
entre la France et les Antilles, fut inauguré à Bordeaux, en 1787 (1).

(1) Brutails et Courteault, *ouvrage cité.*

Le commerce girondin se raffermit lui-même par
un magnifique développement industriel. Outre les
constructions navales, la région bordelaise vit alors
prospérer des entreprises de sucrerie et distillerie, de
verrerie. Les étrangers de passage et les habitants
enrichis étaient des clients tout indiqués pour des
fabrications de luxe ; de là l'essor d'ateliers où travaillaient de véritables artistes en ameublement, fer-
ronnerie, serrurerie ; de là toute une floraison de châteaux, sur les collines qui dominent le fleuve et parmi
les vignobles de la rive gauche ; les peintres, les
architectes réputés viennent prendre des commandes
à Bordeaux. Tandis que les ouvriers s'organisent en
corporations, jalouses d'affiner leur travail, autant
que d'en éloigner les concurrences, des sociétés
savantes réunissent les fervents de l'archéologie, de
la jurisprudence, des beaux-arts ; l'Académie de Bordeaux, aujourd'hui bicentenaire, a compté Montesquieu parmi ses membres assidus. Détail notable, la
diffusion de l'instruction primaire, reconnue nécessaire par tous, coïncide avec cette somptueuse fortune
économique ; civils ou religieux, des « régents » sont
réclamés pour les enfants dans les villes de la région
et même dans les villages. Cependant, les intendants,
délégués directs du roi, bousculent sans pitié les
résistances locales pour créer et embellir Bordeaux ;
Tourny éventre les vieux quartiers du centre, insou-
cieux des libelles et satisfait à la pensée d'éloges pos-
thumes ; il trace des routes et prescrit des foires pério-
diques dans la campagne, où le travail s'ajuste de plus
en plus à une activité régionale autour de Bordeaux.

La période contemporaine

Il appartenait au génie autoritaire de Napoléon Ier de rattacher étroitement Bordeaux aux réseaux des routes de France en jetant un pont permanent sur la Garonne : car le fleuve, large de plus de cinq cents mètres au droit de la ville, demeurait devant l'autonomie bordelaise un fossé protecteur contre les empiètements parisiens ; pour faire circuler rapidement ses armées, qui durent plusieurs fois franchir les Pyrénées, — et aussi des préfets, successeurs à pouvoirs renforcés des intendants, — l'empereur avait besoin d'un passage permanent et solide sur la Garonne, le long de la vieille route romaine ; un décret impérial de 1808 ordonna les travaux du pont en pierre, qui commencèrent en 1810 ; ralentis à la fin de l'Empire, ils furent terminés en 1822 par une compagnie concessionnaire dont le péage a été racheté en 1862 ; les ouvrages de ce pont représentent, pour l'époque, un chef-d'œuvre ; l'ingénieur Deschamps s'est distingué par l'intervention de méthodes inédites pour fonder les piles dans une rivière à fonds mobiles et à fortes marées. La construction du pont de pierre a limité en amont la carrière future du port maritime ; elle a été dictée par des considérations surtout d'administration générale, sans que l'extension des relations océaniques de Bordeaux semble avoir été prévue ; mais il faut reconnaître que le port, laissé libre en 1810, était largement suffisant pour tous les progrès qu'il pouvait paraître raisonnable de prévoir alors.

Au dix-neuvième siècle, Bordeaux a quelque peu négligé les enseignements de la magnifique période

précédente ; il n'a pas maintenu l'équilibre entre le
commerce et l'industrie. Ses négociants ont connu
de remarquables succès ; des éléments nouveaux
d'échanges ont été apportés de l'Amérique méridionale et de l'Afrique, mais la construction navale a
été trop délaissée, les usines de transformation se sont
raréfiées ; il faut attendre la dernière guerre et ses
cruelles leçons pour constater une renaissance plus
compréhensive. Comme sous Louis XV, le rapprochement franco-anglais, accusé par la monarchie de
Juillet et le Second Empire, a servi le commerce bordelais ; on doit ajouter l'encouragement donné aux
transactions maritimes par les traités libres-échan-
gistes de 1860. Le commerce des vins l'emporte alors
sur tous les autres, exception faite des spécialités
sénégalaises. Les vins ne sont plus seulement expé-
diés en Europe, mais aussi dans l'Amérique du Sud,
où se constituent des sociétés jeunes, de sang surtout
latin. La nécessité d'approvisionner des marchés plus
lointains et de préparer les vins pour ces grands
voyages détermina les négociants à pratiquer dans
leurs chais les indispensables « coupages » ; rien ne
ressemble moins à la contrefaçon, quoi qu'aient pré-
tendu des détracteurs intéressés, que le mélange à
doses recommandées par l'expérience et l'approba-
tion des acheteurs, de vins loyaux, dont le « médecin » a pour rôle de conserver le bouquet du crû
qu'il accompagne.

Par l'armement pour la pêche de la morue, dont
il n'a jamais perdu la tradition, par des échanges
continués avec les îles de l'Amérique Centrale, mais
surtout par ses relations nouvelles avec l'Afrique,
Bordeaux a défendu, au XIXᵉ siècle, son rang de

port colonial. Le Sénégal, jusque vers 1850, ne se
prêtait qu'au commerce de la gomme, qui avait
remplacé celui des esclaves, condamné par le Congrès de Vienne de 1815 ; à ce moment, des Bordelais s'avisèrent que l'arachide, graine oléagineuse
commune sur cette partie de la côte africaine, pourrait être largement cultivée par les indigènes et
deviendrait, pour leurs correspondants européens, le
principe de transactions extrêmement profitables.
Fixés sur la valeur de l'idée, ils veillèrent à en assurer l'application : les noirs appellent encore *hilaire*,
du prénom d'un de ces précurseurs, M. Maurel, la
longue houe qui fut alors mise entre leurs mains
pour faciliter la culture de l'arachide. Bordeaux fut
naturellement, après cette découverte, le premier
port français des oléagineux du Sénégal ; les graines
importées furent traitées dans des usines, proches du
port de débarquement, pour la fabrication des huiles
et des tourteaux ; les indigènes furent fournis, en
échange, d'objets usuels, de matériaux de construction, de vêtements. De belles fortunes bordelaises ont
été édifiées sur ces opérations et l'on observera
même que les travaux du port, pendant les cinquante
dernières années, ont été, en quelque mesure, guidés
par les besoins de ce commerce sénégalais, assez particulier ; nous aurons à revenir sur ce point. Un plan
d'extension, assoupli à un mouvement plus composite, date seulement de 1910. En somme, la guerre
avait trouvé Bordeaux plus attaché peut-être à des
traditions un peu usées qu'inquiet de nouveautés
fécondes. Nous verrons, dans les pages qui suivent,
comment le bouleversement mondial a inquiété et
transforme des énergies prêtes à s'attiédir.

CHAPITRE II

—

L'AGGLOMÉRATION BORDELAISE

—

**La ville. — Aperçu d'ensemble.
Caractéristiques des monuments et des quartiers.**

La ville de Bordeaux est une des plus étendues de toute la France, vaste comme le quart de Paris, avec une population dix fois moindre ; cette extension même est une de ses originalités caractéristiques, puisqu'elle trace un cadre très particulier à la vie municipale, traditionnellement intense dans la métropole de l'Aquitaine. Pour embrasser d'une vue synthétique l'ensemble de Bordeaux, il faut gravir les escaliers de la tour Pey-Berland, voisine de l'Hôtel de Ville et de la Cathédrale, ou du clocher de Saint-Michel, plus au sud. De là, le regard s'arrête, au-delà de la Garonne, sur la ceinture des collines, hautes d'un peu moins de 100 mètres, qui dominent la vallée et pointent dans le fleuve par le promontoire de Lormont. Au Nord-Ouest, à l'Ouest, au Sud-Ouest, le relief n'accuse que des ondulations plus molles, accidents qui réduisent à peine le tour d'horizon ; la teinte sombre des bois de pins forme la

Fig. 2. — Bordeaux : Le pont en pierre et le port

toile de fond, éclaircie sur des plans rapprochés par les couleurs plus vives d'autres feuillages. Il semble d'abord que la vallée soit plus large en amont qu'en aval, parce que l'étranglement de Lormont lui fait comme un verrou au Nord ; de ce côté, la grisaille des maisons se confond avec la verdure pauvre des terres très basses, intermédiaires entre le lit du fleuve et le niveau supérieur du sol nettement émergé. Du fouillis des constructions urbaines, un contraste suggestif se dégage, entre les quartiers centraux, où la voirie tortueuse semble noyée dans les édifices et toute la périphérie, dont le quadrillage accuse des formes plus banales.

Le port doit être regardé de plus près, par exemple de l'extrémité occidentale du pont de pierre. Une vue classique, mais qui déjà date un peu, nous le montre, précisément de cet observatoire, à une époque de l'année où les goëlettes, retour de Terre-Neuve, s'alignent en une double série au milieu du courant ; arrivées à la fin de l'automne, elles demeurent quelques semaines en Gironde, où des gabarres viennent prendre leur cargaison pour le compte des sécheries de morues ; elles sont aujourd'hui moins nombreuses qu'autrefois, car la pêche au grand Banc, qui n'avait guère évolué depuis le XVIe siècle, se sert d'engins nouveaux, d'appâts conservés en frigorifique et de bâtiments à vapeur ou à pétrole. Un accident caractéristique des conditions du port de Bordeaux fut le célèbre incendie du 28 septembre 1869 : quelques fûts de pétrole, ayant pris feu sur une goëlette, l'huile enflammée s'épandit sur les eaux à l'instant où la marée allait renverser le courant ; la vague ardente descendit et remonta, sans qu'il fût possible de l'arrêter, isolant les navires à l'ancre, dont plus de vingt finirent ainsi, en torches géantes ; la population entière était accourue sur les quais pour contempler cet extraordinaire feu d'artifice qui, par bonheur, ne fit pas de victimes humaines. A l'activité saisonnière de la ligne médiane du fleuve a succédé celle des quais, fort peu étendus encore en 1869, et que l'on voit aujourd'hui bordés d'une rangée souvent double de grands cargos ; sur les toitures en tuiles rouges des hangars, les mâts qui ne portent plus de voiles, les portiques, les bras éployés des grues dessinent un réseau géométrique ; deux grands pylones en fer, sortes de tours Eiffel de modèle réduit, dominent de haut les clochers des églises et les « colonnes rostrales » de l'esplanade des Quinconces ; ce sont les supports du prochain pont à transbordeur.

On imaginerait volontiers, de ce point de vue, que le fleuve soit tout le port ; la courbe extérieure, celle de la rive gauche, en est visiblement la partie la plus ancienne ; à droite, du côté de la Bastide, se dressent des cheminées d'usine, mais les navires mouillés à quai ne sont en nombre qu'assez loin en aval, en un quartier où il est évident que la fumée des fabriques se rapproche immédiatement de la rivière. On distingue cependant par dessus les maisons, et certainement en marge du chenal, les mâts qui jalonnent l'emplacement des bassins à flot, extension encore très incomplète du port en Garonne. Jetons enfin un coup d'œil sur l'amont ; c'est la zone fluviale du port, garage des remorqueurs de rivière et des petits vapeurs qui font la navette entre les rives, pontons-ateliers, dépôts de matériaux de construction transbordés sur des chalands, école de natation. Un pont métallique,

qui porte la double voie du chemin de fer, ferme le
tableau ; là, si l'on excepte l'église Saint-Michel,
aucun monument n'attire l'attention, parmi la foule
anonyme des demeures. Une dernière observation, sur
le pont en pierre lui-même, fait ressortir qu'il est très
haut sur l'eau, assez, non certes, pour ménager sous
ses arches un passage aux navires de mer, mais pour
laisser libre jeu aux amples marées de la Garonne :
l'accès du pont, par des rampes en pente douce, est
un des problèmes spéciaux de la voirie de Bordeaux.

Cette grande ville révèle, dans la structure générale de ses maisons, le caractère dominant de sa population ; chaque famille, ici, veut être chez soi ; comme
l'espace n'était nulle part mesuré par des accidents
du sol, on a bâti en surface, et non en hauteur ; les
maisons élevées de plus de trois étages sont l'exception, le type local le plus fréquent est celui de
l'*échoppe*, qui est, en somme, un appartement de
famille bâti en maison, rez-de-chaussée sur cave, un
étage ou deux et une pièce de jardin ; agrandi dans
toutes ses proportions, ce type est celui de très beaux
hôtels particuliers du centre de la ville ; il permet la
division entre la réception et ses annexes, salons,
salles à manger, billards, cuisines, offices — et des
salles d'habitation ou de travail ; il se prête au développement de larges escaliers, à la distribution artis-
tique de collections et d'admirables mobiliers. Par
contre, il complique et grève de frais lourds l'administration municipale : tous les services communs
sont étirés en longueur, égoûts, pavage, canalisation d'eau potable, de gaz, d'électricité, réseau de
tramways, etc... ; le confort que la population s'ac-
corde pour son logement, suivant des habitudes sécu-

laires, doit être payé par des charges locales correspondantes.

Jamais la pierre de belle qualité n'a manqué à Bordeaux pour la construction : à quelques pas de la ville, les carrières de Lormont sont exploitées depuis fort longtemps ; les derniers contreforts du Massif central en contiennent beaucoup d'autres, dans les Charentes notamment ; qu'il s'agisse donc du temple romain de la « Tutelle », qui subsista jusqu'à Louis XIV, des églises du haut Moyen-Age et de la Renaissance, des palais de la ville des intendants, du Grand Théâtre, élevé sous Louis XVI, ou des édifices modernes, c'est toujours en pierre que Bordeaux bâtit le plus volontiers. Il faut atteindre, tout récemment, les limites d'une période nouvelle où l'architecture même tourne à l'industrie et fabrique en série, pour relever des bâtisses en ciment armé, dont les prétentions ne sauraient être qu'utilitaires. Mais les âges précédents ont assez soigneusement travaillé pour laisser à Bordeaux un héritage monumental des plus riches ; dans notre exposé, dont le dessein est surtout économique, nous croirions cependant négliger une partie intéressante de notre programme, si nous ne résumions en quelques pages ces titres de gloire de la ville ; car l'activité même du port est liée aux conditions d'habitation. Qui dira que la beauté multiple des monuments de Bordeaux n'a pas contribué, au cours de l'histoire, à retenir sur les bords de la Gironde tel artisan, tel commerçant du dehors, dont le labeur s'est traduit ensuite en bénéfice pour toute la cité ?

L'architecture religieuse a multiplié, dans la région, des édifices dont beaucoup sont des chefs-d'œuvre ;

elle a inspiré à l'un des maîtres de l'Université bordelaise un livre excellent d'artiste et d'historien (1). L'église abbatiale de Sainte-Croix a des parties romanes, discrètement restaurées sous le Second Empire. La basilique Saint-Seurin est fondée sur un très ancien cimetière, où l'on a mis au jour, récemment, des tombes gallo-romaines ; son porche ouest date du XIe siècle ; sans cesse remaniée, agrandie, restaurée, elle présente un ensemble composite des plus curieux. La cathédrale Saint-André vit présider des travaux par l'archevêque Bertrand de Got, qui mourut pape, sous le nom de Clément V, en 1315 ; *elle a été retouchée et ornée surtout au XVIe siècle*, et nous offre d'excellents morceaux de gothique rayonnant. Le clocher de Saint-Michel, élevé sur un ossuaire, faillit succomber sous Louis XIV, comme observatoire militaire employé par les habitants au cours d'une sédition ; il fut sauvé par Vauban, qui le reconnaissait « une des plus belles pièces de l'Europe » ; pendant la dernière guerre, comme par une vocation naturelle, il porta des appareils de télégraphie sans fil. D'anciennes chapelles suburbaines, fondées par des religieux, sont devenues des paroisses en pleine ville, telle Saint-Bruno, bâtie par les Chartreux sur un marécage. En ce pays de pierre et d'architectes, on ne s'étonnera pas que presque toutes ces églises aient été l'objet d'incessantes restaurations ; mais il est rare que ces retouches, extrêmement délicates, n'aient pas été menées avec discrétion et goût.

De l'âge romain, Bordeaux a conservé les ruines de l'amphithéâtre, vaste, mais de construction en petit

(1) J.-A. BRUTAILS *Les églises de la Gironde.*

appareil, briques et bois, que l'on nomme encore Palais Gallien. Des monuments militaires rappellent les siècles pendant lesquels la ville fut capitale d'une province frontière, la Porte-Caillau, du nom d'une famille qui a fourni des maires, aux XIV⁰ et XV⁰ siècles, et surtout la Porte Saint-Eloi, dont la célèbre *Grosse Cloche* a sonné toutes les heures, glorieuses ou dramatiques, de la vie municipale. Le château Trompette, rasé peu avant la Révolution, a fait place à la vaste esplanade des Quinconces, où s'élève aujourd'hui le monument des Girondins. Les grands édifices civils, Hôtel de Ville, Grand Théâtre, ont été dégagés par des percées dont l'initiative revient aux Intendants ; la place de la Bourse, entre l'hôtel des Fermes (devenu des Douanes) et celui qu'occupe la Chambre de commerce, avec sa façade de maisons toutes pareilles, soigneusement conservées, marquait le centre du Bordeaux commercial du XVIII⁰ siècle, époque d'éclatante prospérité. Les perspectives de la « place de la Comédie », où se réunissent les cours de l'Intendance, du Chapeau Rouge, du XXX Juillet, les allées de Tourny, la rue Esprit des Lois, sont dignes des plus nobles villes d'Europe ; leurs noms évoquent en un résumé concis toute une vision de l'histoire bordelaise.

Avant les rudes coups de pioche des Intendants, les rues qui descendent à la place de la Bourse comptaient parmi les grandes artères de Bordeaux ; l'une d'elles passait sous une voûte qui n'a point disparu, mais l'activité du port s'est reportée vers l'aval, à mesure que grandissaient les dimensions des navires. Le « quartier Saint-Pierre », la « Rousselle » logeaient jadis en de vieux hôtels, ouvrant sur des ruelles, la riche bourgeoisie marchande et parlementaire, unie par des mariages et par l'ardeur générale de son particularisme municipal. Un souvenir du temps où débarquaient, devant l'hôtel des Fermes, les marins arrivant des îles, survit dans le petit marché d'oiseaux exotiques, fidèle à ce vieux quartier. Mais, dans l'ensemble, les traditions du logement ont été déclassées ; les propriétaires ont émigré dans des parties neuves, mieux aérées de la ville ; certains ont vendu leurs immeubles, qui ont fait place à de grands magasins. On retrouvera cependant, à la Rousselle, les comptoirs à peine remaniés des négociants en morues, qui se réunissent en un modeste local, voisin du pont en pierre, c'est-à-dire de la limite amont du mouillage des goëlettes ; c'est la Rousselle aussi qui abrite les bureaux où se traitent de considérables affaires de beurres et fromages. Mais ces résistances suprêmes au mouvement commun faiblissent chaque jour ; on n'entend plus guère de protestataires contre le projet d'une « grande voie » qui éventrerait ces antiquités, afin d'ouvrir un accès direct, correctement moderne, entre la place de la Comédie et la principale gare de Bordeaux.

Le commerce des vins, lui, n'a pas à émigrer ; il s'est fixé, depuis environ un siècle, dans le quartier des Chartrons, en aval des Quinconces, et l'on peut dire qu'il l'a modelé selon ses convenances : le chai, conservatoire des vins, voisine dans le même immeuble avec les bureaux et l'habitation. Sur les quais des Chartrons et de Bacalan, les maisons n'ont que quelques fenêtres de façade, deux à cinq, rarement davantage, et beaucoup sont consacrées au commerce des vins. Au rez-de-chaussée, le comptoir laisse la place au corridor par lequel entrent et sortent les barriques, c'est l'accès du chai, qui s'épanouit à l'arrière et couvre souvent une vaste superficie ; les salons occupent le premier étage, les pièces d'habitation sont au-dessus. La même disposition apparaît dans les rues perpendiculaires au quai, dont la plupart sont fort étroites, mais dont quelques-unes, de création relativement récente, ont les dimensions que comporte leur appellation de « cours ». La visite des grands chais est une des promenades recommandées à Bordeaux ; outre que ces caves étonnent par leur ampleur de cité spécialisée, où des voies ferrées courent sur les rues intérieures, éclairées à l'électricité, c'est là que l'on peut étudier les procédés de la science la plus moderne, appliqués à la sauvegarde et à la présentation du vin ; car la tâche du commerçant est délicate, pour assurer dans les conditions les meilleures, suivant la clientèle à laquelle il s'adresse, les opérations multiples indispensables ; seuls les vins de crû, mis en bouteilles sur les propriétés, avec des précautions chères et minutieuses, sont ainsi complètement préparés pour la vente, avant achat pour le commerce.

Les besoins du commerce des vins ont fixé dans les quartiers nord de Bordeaux des industries annexes de bouchonnerie, capsulerie et surtout tonnellerie ; toute la région girondine participe à cette activité. On fait, par exemple, des fûts recherchés dans la zone de l'arrondissement de Libourne qui touche aux pentes forestières de la Dordogne. Entre les ports de la basse Gironde, ceux de la Dordogne inférieure et Bordeaux, il y a une circulation constante de gabarres pansues, chargées d'une grande voile et d'un foc, qui transportent les bois de tonnellerie, la vaisselle vinaire et les

fûts pleins : Bordeaux est actuellement le point de
départ de toutes les expéditions par mer en quantités.
Les négociants des Chartrons voient charger sous leurs
fenêtres les commandes de leurs clients d'Angleterre,
de Hollande, de Scandinavie, d'Amérique. Mais tous
n'habitent plus sur les quais ; les heures de bureau
finies, ils regagnent leurs domiciles des quartiers neufs
et, quand vient l'été, leurs résidences de la grande
banlieue. Nombre de leurs ouvriers sont aussi propriétaires des « échoppes » où vivent leurs familles, car
cette profession est de celles où le travail, bien avant
les transformations récentes, assurait les rémunéra-
tions les plus intéressantes ; une place de maître de
chai, dans une maison bien établie, est non pas certes
une sinécure, mais une prébende de beau rapport.
Dans le nord de Bordeaux, proche du bassin à flot et
du quai des Chartrons, les maisons s'espacent entre
de grands jardins, cultivés en potagers ; l'on touche
ici à un rivage de marais, noyés par la Garonne aux
très hautes eaux ; c'est là que, dans les très rares hivers
où la gelée dure quelques jours, les Bordelais viennent
s'exercer au patinage.

La proche banlieue et ses transformations récentes

Une grande ville ne s'accommode plus de la voirie
moyen-âgeuse qui suffisait à nos aïeux. Elle doit
s'aérer, s'assainir de toutes manières, dessécher ses
« palus », évacuer ses eaux souillées, prodiguer dans
toutes les habitations l'eau propre et la lumière. La
voirie des Chartrons marque un progrès réel sur celle
du Centre, établie bien auparavant ; mais elle-même
commandait beaucoup d'améliorations ; les Chartron-

nais, si attachés cependant à leur quartier, n'ont pas été les derniers à se loger « sur les boulevards ». Déjà les Intendants avaient renversé, parmi des masures, de belles habtations qu'elles entouraient. Tourny avait tracé, sur les anciens fossés des fortifications, remontant au XIV⁰ siècle, une ceinture de cours plantés d'arbres, qui limitait alors l'agglomération urbaine. Sous le Second Empire, on commença la couronne des boulevards extérieurs, aujourd'hui terminés ; à l'origine, ils se déployaient sur des terrains vagues ; ils sont aujourd'hui presque complètement bâtis et, sauf sur quelques centaines de mètres, marquent la ligne d'octroi entre Bordeaux et les communes limitrophes. Mais il n'y a là qu'une simple fiction administrative, puisque, en réalité, la continuité des habitations ne connaît d'autres solutions, dans tous le groupement métropolitain de la Gironde, que celles que commandent les coutumes ataviques de la population.

Les parcs de plaisance, les terrains de sport sont ainsi englobés dans la « ville régionale » que devient Bordeaux. En général, l'espace n'est pas ménagé entre les maisons, mitoyennes seulement sur la façade des rues ; mais, chaque famille vivant volontiers chez soi, les emplacements découverts et plantés, destinés à des réunions nombreuses, ont longtemps manqué à la population : les allées de Tourny, appelées du nom du célèbre intendant, ont été dépouillées, en 1831, de la quadruple rangée d'ormes qui les abritait ; le Jardin public, un des plus beaux de France, ne remonte, dans son extension actuelle, qu'à 1858 ; les petits squares, voisins de l'Hôtel de Ville ou d'autres monuments, ne sont pas plus anciens. En 1888 seulement, et par la libéralité du philanthrope Benjamin Godard, la ville a acquis, au delà de la ligne des boulevards, les 24 hectares du « Parc bordelais », coupés de bosquets et de pelouses, traversés par un ruisseau et des lacs, villégiature populaire des dimanches ou, comme disait le généreux donateur, « campagne de ceux qui n'en ont pas ». Ce n'est toutefois pas suffisant ; le grand Bordeaux d'après-guerre n'attendra plus longtemps, sans doute, l'aménagement d'un stade, où seront données, dans les conditions les meilleures pour les joueurs et l'assistance, ces séances de sport, de plus en plus suivies et qu'il est si intéressant, pour la santé de la race, d'encourager par tous les moyens.

La banlieue proche est réservée à ces organismes indispensables de la vie urbaine moderne, de même qu'elle aide à la transformation de la cité en retenant les industries. La commune bordelaise fait corps aujourd'hui avec les communes adjacentes, distribuées en croissant autour du port ; en première ligne, du Nord au Sud, le Bouscat ,Caudéran, Mérignac, Talence, Bègles ; en deuxième ligne Bruges, Pessac, Villenave-d'Ornon. Sur la rive droite, la plage enserrée dans la courbe du fleuve porte le quartier de la Bastide et les sections basses des communes de Floirac et de Cenon ; une plaine littorale, immédiatement accessible de la rivière, s'étale quelques kilomètres en aval, au delà du promontoire de Lormont ; là grandissent les récents appontements, usines et magasins de Bassens. Il est indispensable de considérer aujourd'hui cet ensemble, pour comprendre la vie économique de Bordeaux, car ces dispositions commandent, en quelque mesure, le régime des affaires et le travail du port ; il y a tendance à la division entre les éléments jadis étroitement rapprochés de l'atelier et du comptoir et de l'habitation ; le transport, aussi bien des personnes que des denrées usuelles, est une nécessité de tous les instants, sur des trajets beaucoup plus longs que naguère ; la ville régionale ne se contente plus de la division en compartiments communaux de son territoire, elle réclame un plan unique de la voirie et de la ciculation.

Peut-être dira-t-on que le cas est général ; on n'aura pas tort, mais il convient de relever que, pour Bordeaux, l'innovation est plus profonde que pour d'autres villes, parce qu'elle impose un brassage constant de la population ; l'échoppe demeure le logis type, mais elle est reléguée assez loin du centre, tandis que dans l'ancienne enceinte urbaine, des habitations sont louées et transformées pour servir d'entrepôts, de garages, de petits ateliers. Ce n'est pas sans des tâtonnements et des écoles que les corps locaux, municipalité, Chambre de commerce, Conseil général, assurent l'équilibre réclamé par les résidents et les négociants ou industriels entre l'afflux des denrées vivrières de l'intérieur et celui des marchandises diverses amenées par le port. Les communications avec l'arrière-pays s'ouvrent, par deux voies très inégales, au Nord-Ouest et au Sud-Ouest. Vers l'aval, pour les échanges même locaux, le fleuve est une route ordinaire, au même titre que les chemins empierrés ; à la lisière des terres noyées, sur les grasses alluvions, des cultures maraîchères ont été développées, qui apportent un appoint considérable à l'alimentation saisonnière des citadins et au travail des usines de conserves : artichauts de Macau, petits pois d'Eysines, mais ce sont des valeurs plutôt que du tonnage, dont la circulation est assurée par des charrettes et des barques ; on n'a pas besoin, de ce côté, d'un vaste outillage de réception.

Tout autre est la situation en amont, au carrefour de la vallée garonnaise et des routes de terre descendant des Pyrénées et des Landes. Là convergent les produits de consommation quotidienne qui seront absorbés sur place et ceux qui soutiennent la fabrication et l'exportation, fruits et légumes, vins, bétail, huîtres et poissons, résineux, bois, poteaux de mine ; la liaison avec le port maritime est particulièrement délicate, parce que la Garonne est coupée, dans la partie méridionale, par deux ponts fixes, barrant rigoureusement la grande navigation. L'ancien Bordeaux, — nous voulons dire le Bordeaux d'avant guerre, — ne souffrait pas de cette rupture, car l'industrie, qui a besoin de contacts faciles avec les paquebots de long cours, était relativement pauvre dans la région. Aussi pouvait-on, par des retouches qui paraissaient prévoir toutes les chances, se contenter d'agrandir la gare Saint-Jean ou du Midi, pour les voyageurs et les marchandises, les marchés « de première main », l'abattoir. Le quartier est toujours celui des commissionnaires en bestiaux, des entrepôts alimentaires, de nombreux offices de réexpédition et transit. Mais tout cela, si l'on peut ainsi dire, n'est plus aux dimensions du jour : le service local exige des remaniements, qui ne seront plus seulement des replâtrages, et la liaison doit être assurée sous des formes plus modernes, à travers l'agglomération bordelaise, entre la mer et l'arrière-pays ; ce sont problèmes à la fois municipaux et régionaux.

La poussée en secteurs étanches, qui a caractérisé jusqu'ici le progrès des groupes urbains de la Gironde, s'est traduite pour celui de Bordeaux par des anomalies

qui ne pourront subsister longtemps ; les tramways
dits de pénétration ont été établis par plusieurs sociétés,
indépendantes de celle qui dessert la ville proprement
dite ; même inconsistance pour la distribution du gaz,
de la force motrice et de la lumière électrique, voire
de l'eau potable. Les autorités s'inquiétent maintenant de ce qui, en conscience, ne peut être toujours
reproché comme des malfaçons aux directeurs des
années écoulées ; on s'aperçoit avec étonnement, par
exemple, que les 23.000 habitants de Bègles sont à
peine éclairés et pourvus d'eau pour les besoins domestiques. Au lendemain de la guerre, les questions se
posent toutes ensemble, financières, techniques, sociales ; les procédés administratifs d'antan paraissent
périmés ; les plus rares qualités d'intelligence, de
sang-froid, de méthode sont nécessaires aux hommes
qui président à cette formidable évolution des grandes
villes de France. Pour Bordeaux, la difficulté s'accroît,
du fait des improvisations qui ont surgi pendant la
guerre, en un port devenu tout d'un coup le plus
chargé du littoral atlantique français et qu'il faut
maintenant liquider en les adaptant à une période
d'activité redevenue normale.

L'activité spéciale de la période de guerre

Trois quartiers surtout ont dû à la guerre une croissance qui s'est à peine ralentie depuis ; sur la rive
droite de la Garonne, la Bastide, sur la rive gauche,
Bacalan, qui avoisine les bassins à flot, enfin les alen-
tours de la gare du Midi, commune de Bègles com-
prise. Un peu partout, pendant les hostilités, on s'est
mis à tourner des obus ; les usines de construction

métallique s'y sont particulièrement consacrées, renonçant pour ce travail, commandé par l'action des armées alliées comme des nôtres, à des fabrications d'une utilité moins immédiate ; les chantiers navals de Dyle et Bacalan, ceux dits de la Gironde, à la Bastide, ont abandonné leurs constructions cependant si nécessaires à la marine marchande française. Au printemps de 1915, le ministre de la Marine vint présider le lancement du cuirassé *Languedoc* ; cette cérémonie a marqué la fin, jusqu'après l'armistice, de travaux neufs pour lesquels, en temps de paix, ne manquaient chez nous ni les outillages excellents, ni les ouvriers experts ; le jour même où le *Languedoc* entra dans la Garonne, une surprise douloureuse fut le bombardement de Dunkerque par des canons allemands à longue portée, qui faisaient leurs débuts : tous les ateliers furent dirigés dès lors vers la production de guerre, projectiles, poudre, armes d'infanterie et d'artillerie, gaz, articles d'équipement et de vêtement.

Bordeaux, siège provisoire du Gouvernement, en 1914, a été, plus immédiatement que d'autres villes, accaparé par ces tâches qui ne pouvaient être que momentanées. Alors que les quais recevaient encore les troupes françaises et indigènes ramenées du Maroc, les services de l'Intendance et de la Santé organisaient des dépôts immenses, prévus pour les besoins de plusieurs armées ; ce furent, dans le quartier d'amont, à proximité de la gare du Midi, des montagnes de produits pharmaceutiques et d'articles de pansements ; ailleurs, mais toujours sur la périphérie, des parcs automobiles ; à la Bastide, un entrepôt de charbon. Les usines de fabrication sont venues plus tard, en coïncidence avec la transformation des procédés de guerre qui, pour notre artillerie lourde, date seulement du mois de mai 1916. A partir de ce moment, affluèrent à Bordeaux, non seulement des marchandises inusitées, mais des ouvriers étrangers des origines les plus diverses. Tous les bâtiments du port avaient été désaffectés ; les relations habituelles de Bordeaux avec l'Amérique latine étaient interrompues ; les plus beaux paquebots à passagers étaient aménagés en hôpitaux flottants, d'autres, bouleversés de fond en comble, amenaient sur les quais de la Gironde des chevaux du Canada. Nul ne sera surpris que, pendant ces années terribles, les soins d'embellissement, voire d'entretien de la ville, aient été différés devant des soucis plus urgents.

Mais, de cette transformation fébrile, tous les traits n'ont pas été effacés le jour où la guerre a pris fin ; certains s'étaient, au contraire, assez profondément gravés pour demeurer caractéristiques du grand Bordeaux de demain. D'abord le mouvement de port, localisé à Bordeaux même, s'est étendu, d'un progrès solidaire, à toute la Gironde et à la basse-Dordogne ; ensuite le nombre et la qualité des travailleurs des usines et des ports ont beaucoup changé. Avant 1914, une certaine défiance s'accusait, dans les milieux économiques bordelais, contre toutes les annexes du port, trop éloignées de la Bourse et de la place des Quinconces. La construction d'un appontement à Pauillac, en 1890, se heurta d'abord à la plus vive opposition des usagers de la Gironde et de la Chambre de commerce elle-même ; l'autorisation, combattue de plusieurs côtés, fut accordée sous la forme la plus limitée, celle d'une station réservée aux paquebots de la Cie Transatlantique. Plus tard, les mêmes préventions étaient

élevées contre des travaux à Bassens, sur la rive droite.
Depuis lors, sous l'empire des nécessités pressantes
de la guerre, les idées se sont enfin élargies ; des
ouvrages, dont nous préciserons plus loin les caractéristique et la portée, ont été exécutés à Bassens,
à Blaye, à Pauillac ; d'autres sont commencés à Libourne. On est d'accord aujourd'hui pour considérer
qu'ils sont tous aussi profitables à l'essor économique
de la Gironde que ceux qui ont été parallèlement poursuivis dans les limites de l'ancien port.

Quant à la main-d'œuvre, elle est singulièrement
plus composite qu'il y a dix ans. Pendant que les
Français adultes étaient mobilisés, des travailleurs ont
été demandés de tous côtés pour suppléer à leur
absence. Bordeaux, qui comptait relativement peu
d'ouvriers de spécialités, a vu partir pour les armées
la grande majorité de sa population masculine d'âge
militaire ; par contre, son port a reçu des convois
nombreux de Marocains, de noirs de l'Afrique tropicale, de jaunes d'Extrême-Orient, cependant qu'était
intensifié le mouvement, dès longtemps assez actif,
de l'émigration espagnole. Depuis l'armistice, ce dernier courant ne s'est pas ralenti, car la hausse de la
peseta, par rapport au franc, aggrave le poids de la vie
chère dans la péninsule, en même temps que les hauts
salaires pratiqués en France attirent les immigrants.
Les Annamites et Chinois sont presque tous partis,
mais dans les équipes marocaines, il y a compensa-
tion entre ceux qui partent et ceux qui arrivent. Nous
ne saurions oublier, d'autre part, que Bordeaux fut
un des ports les plus fréquentés pendant la guerre,
par les troupes américaines, qu'accompagnaient des
services extrêmement nombreux et touffus. Bien que

plusieurs de ces éléments n'aient apparu en Gironde
que pendant peu de mois, ils n'en ont pas moins marqué dans la population ; ils contribuent à déterminer
une ethnographie locale très complexe, sur laquelle
l'action absorbante du milieu géographique n'a pas
cessé de s'exercer souverainement.

La population bordelaise avait diminué pendant la
Révolution ; elle n'atteignait pas tout à fait 100.000 habitants en 1801. Au début du XXᵉ siècle, elle était sensiblement supérieure à 250.000 âmes, ce qui faisait
de Bordeaux, après Paris, Marseille et Lyon, la quatrième ville de France ; si l'on ajoute à ce chiffre ceux
des communes limitrophes, on arrive, pour la période
qui précéda la guerre, au delà de 300.000 habitants.
En 1920, bien qu'aucun recensement complet n'ait
encore été fait, on peut estimer à 400.000 habitants
l'effectif de l'agglomération bordelaise ; ce total avait
été dépassé pendant les hostilités ; la situation est
maintenant stabilisée, l'on peut supposer que ce niveau
sera approximativement conservé pendant plusieurs
années. On calculait, en 1891, que plus de la moitié
des citadins de Bordeaux étaient d'origine extra-giron-
dine, trois pour cent seulement étant nés à l'étranger ;
la proportion de ce dernier groupe est assurément plus
forte aujourd'hui. Une affirmation, à laquelle se mêle
un peu de légende, veut que des traits britanniques
soient visibles chez des familles du haut commerce
chartronnais ; en réalité, il faut constater par là, sans
nous borner aux Anglais, que Bordeaux a de tout
temps séduit et fixé des étrangers ; c'est un des
charmes de ses richesses naturelles et de son climat,
et de plus, comme ces nouveaux venus sont rarement
des oisifs, une des chances de sa prospérité.

Les éléments nouveaux de la population et de l'essor économique

Comme si elle était jalouse d'elle-même, la ville s'est jusqu'ici fort peu souciés de retenir des passants ; elle se flatte d'être mieux qu'une gare. Des étrangers s'étonnent de ne trouver, dans les quartiers centraux, qu'un petit nombre d'hôtels pourvus du confort moderne ; ils en seraient moins surpris si, pénétrant plus intimement dans la vie familiale de la cité, ils pouvaient goûter la large aisance de tant de demeures particulières. Au moment où le gouvernement vint s'installer à Bordeaux, en 1914, amenant avec lui des sections de tous les ministères, il ne suffit pas, à beaucoup près, des édifices publics pour loger tous ces hôtes ; beaucoup de maisons privées furent alors des présidences, voire des ambassades de pays alliés, qui avaient trouvé, sans une retouche, des appartements semblant préparés pour elles. Par contre, rien ou presque n'était organisé pour faire de Bordeaux le centre d'une région riche et pittoresque à divers titres. Nous nous demandons aujourd'hui comment la gare de la Bastide, où la ligne principale de l'Orléans finit en impasse près de la Garonne, passa naguère, avec une ceinture d'hôtels la plupart disparus, pour une des plus confortables de France ; autour de la grande gare Saint-Jean, les voyageurs trouvent aujourd'hui des commodités appréciables, mais voici que, depuis la fin de la guerre, des banques et des compagnies commerciales s'emparent des premiers hôtels du centre.

Bordeaux peut-il donc se passer des étrangers ? Assurément non ; il étend à travers des contrées lointaines le cercle de ses correspondants, il accueille avec une largesse de grand style les visiteurs de marque, mais ses préférences vont visiblement à naturaliser sur son territoire ceux qui seront, au dehors, les agents de sa fortune et de sa publicité. L'une des difficultés originales, devant la bonne volonté des directeurs du port, est l'isolement des divers groupes commerciaux et industriels qui empruntent l'outillage des bassins et des quais, de sorte que, si certains ouvrages sont remarquablement appropriés à des fins particulières, il ne se dégage pas toujours de leur jeu l'impression qu'ils ont été dressés suivant un plan d'ensemble. L'esprit municipal a fait merveille, mais il reste froid, sinon hostile, devant les initiatives du dehors, y compris celles de l'Etat ; on est obligé presque de forcer des portes pour découvrir tout ce qui se cache de patience, d'ingéniosité dans des œuvres sociales que l'on pourrait proposer en modèles. L'Université, très active, n'est pas assez connue des hommes d'affaires ; telle maison des Landes se croyait quitte de toutes obligations intellectuelles en versant une annuité misérable au laboratoire de chimie résinière de la Faculté des Sciences.

Pourtant un désir de renouveau régional s'était affirmé dans le Sud-Ouest, un peu avant la guerre ; il avait inspiré plusieurs groupements locaux, d'énergies individuelles et de capitaux. Au commerce des vins, qui garde rang aristocratique parmi les manifestations de l'activité bordelaise, au commerce avec le Sénégal, qui avait, lui aussi, des traditions, d'autres s'adjoignaient peu à peu, ceux notamment qui sont fondés sur l'exploitation du pin, l'arbre d'or de notre littoral gascon. Le domaine bordelais d'Afrique s'étendait du Sénégal vers l'Afrique guinénenne, vers Madagascar. Des participants se réunissaient pour des travaux de construction, des fabriques de produits chimiques, des aménagements immobiliers. Peu nombreuses étaient encore les sociétés anonymes, dans lesquelles les fondateurs s'effacent de la raison sociale ; il est pourtant nécessaire d'en constituer, dès qu'une entreprise dépasse les limites normales d'un effort individuel, et Bordeaux n'a pas échappé à cette règle. Les banques locales s'y sont prêtées les premières, puis des affaires de caractère industriel, tandis que le commerce tient à ses coutumes plus individualistes ; un annuaire des firmes bordelaises aligne, aujourd'hui même, plus de noms propres que d'appellations impersonnelles. Mais le mouvement irrésistible progresse, à mesure que se définit la région dont l'organisme respire sur la mer par la Gironde et Bordeaux. Quelles sont donc les conditions de cette communication avec l'Océan? Qu'est-ce, pour la navigation, que le fleuve, qu'est-ce que le port?

CHAPITRE III

LE FLEUVE

La Garonne en amont de Bordeaux

Une excursion fort agréable, à peine plus qu'une promenade, est la descente de la Gironde en bateau, de Bordeaux à la mer. Avant la guerre, des vapeurs de rivière, à aubes, faisaient régulièrement ce trajet, très achalandés, notamment les jours de fête ; mais leur service n'a pas été repris encore ; de même, la remontée du fleuve par bateaux de tourisme, jusqu'à la limite du département de la Gironde, ou du moins jusqu'à l'écluse de Castets en Dorthe, qui ouvre le canal latéral, n'est plus pratiquée que de loin en loin par des convois de marchandises. Aucune inspection n'est plus instructive, pour qui veut apprécier exactement les aspects des deux rives de la Garonne, leurs diverses facilités d'accès, les vicissitudes du courant, combiné avec les marées, les sinuosités du chenal de la grande navigation, enfin la solidarité entre la voie d'amont, fleuve et canal d'un côté, la Gironde proprement dite de l'autre (1). On suit là évidemment une route d'isthme, entre deux pays différents, de relief, dès le fond de la vallée, de productions et de climat à mesure qu'on s'éloigne de la rivière. Si l'on remontait encore, on sentirait plus vivement une autre opposition entre l'humidité atlantique du couloir garonnais et l'ambiance plus sèche du Languedoc méditerranéen.

Plaçons, pour simplifier, notre point de départ à La Réole. Voici une petite ville, de moins de 5.000 habitants, qui a des airs de puissante citadelle ; ses hauts quartiers surplombent presque directement la rive droite du fleuve, de si près que le chemin de fer, accolé à la berge, passe au-dessous, en tunnel. Une esplanade empierrée tient lieu de port ; un pont suspendu est jeté entre les deux rives, buttant contre la falaise à droite, prolongé à gauche par des rampes qui s'abaissent jusqu'au plan inférieur du sol. En raccourci, nous tenons ici le tableau de toute la Gironde, des collines d'un côté, des plages étalées de l'autre ; il en résulte que les passages ouverts à travers la bordure des collines, par des vallées affluentes prennent pour les communications une importance maîtresse, tandis qu'à gauche on recherchera surtout les chaussées solides sur lesquelles on pourra franchir la bande du sol noyé entre le fleuve et la terre ferme intérieure. Ce n'est là, d'ailleurs, qu'un aperçu général, qu'il faudra corriger par un examen des particularités locales ; l'eau courante ne creuse pas seulement ses profondeurs au droit des falaises, mais

(1) Voir les albums panoramiques des rives de la Gironde, Bordeaux à Royan et Bordeaux à La Réole, publiés par la librairie Feret, à Bordeaux.

aussi au sommet des courbes, auxquelles le relief contraint le courant : ce dernier cas est précisément celui du plus vieux port de Bordeaux.

Des quais pavés ou *perrés* à droite, des estacades en bois piquant dans le fleuve à gauche, tel est l'outillage le plus ordinaire des communications garonnaises entre la terre et l'eau. Peu de villes, mais de nombreux villages, dominés par des châteaux, des moulins fortifiés, d'antiques églises. Près de Sainte-Croix-du-Mont, dont le nom désigne un des plus beaux panoramas de la contrée, la dévotion populaire a pour ainsi dire souligné la nature, en instituant le pèlerinage de Notre-Dame-de-Verdelais. Au-dessous et à gauche, Langon gardait la pointe d'un des angles de la rivière, position caractéristique qui est une réduction en miniature de celle de Bordeaux. Le canal latéral s'embranche sur le fleuve à Castets, huit kilomètres au-dessus de Langon ; il tend son amorce vers les vergers de l'Agenais, les plaines à blé de Toulouse ; il se joint à la Garonne un peu en aval de la limite qu'atteignent les marées, sur le carrefour frontière entre les reliefs variés du Bazadais, — tabac, bétail, bois de chêne, — les pignadars des Landes orientales, les vignobles étalés du Sauternais, — Preignac, Barsac, Cérons, — et ceux qui s'accrochent aux collines d'en face, Sainte-Croix-du-Mont, Loupiac, Cadillac.

Peu de paysages en France évoquent l'idée d'une vie locale plus pleine, plus reposée sur elle-même ; ici, les agitations belliqueuses sont des souvenirs depuis longtemps abolis, on imagine à peine des transactions dont l'envergure dépasse celle des grandes foires de canton. Cependant, tous ces fils de paysans ont fait largement leur devoir pendant la guerre ; il est peu de familles que les deuils aient épargnéses, et c'est aujourd'hui le marché de Bordeaux, capitale grandie pendant l'évolution récente, qui fixe les cours de toutes les denrées de la région ; ses courtiers sont attendus, redoutés souvent, des vendeurs de villages. Il est fort possible que les besoins de la cité ravivent un courant d'échanges locaux par le fleuve ; il sont bien ralentis aujourd'hui ou remplacés par des transports à longue distance, jusqu'à Narbonne et Cette, sur lesquels se porte l'intérêt de plusieurs groupements. Des accords sont, à cet effet, nécessaires entre la batellerie et le chemin de fer, matériel, tarifs, aménagement de gares d'eau. En amont de Bordeaux, le rail n'atteint le fleuve qu'en un seul point, à Beautiran ; encore est-ce une station des Chemins de fer économiques, et non de la Compagnie du Midi ; elle est utile surtout aux bois et résineux des Landes. A droite, un chemin de fer sur route effleure la Garonne à Cadillac et à Langoiran ; quelques chargements de fûts passent parfois des gares sur la rivière ; c'est l'exception. Partout ailleurs, en tant que voie de communication locale, le fleuve est mort ; ses eaux brunes ne sont guère troublées qu'au printemps, par les pêcheurs d'aloses.

De la gare d'eau de Beautiran, plus remarquée parce qu'elle est unique, la pensée se reporte sur les Landes toutes proches. A la limite occidentale du Sauternais, Bazas, Villandraut, La Brède défendaient jadis des passages vers les vignobles contre les convoitises des bergers et bûcherons de l'intérieur. Au cours des cinquante dernières années, les Landes sont devenues l'un des coins les plus riches de France ; les cabanes

en planches se sont d'abord couvertes en tuiles, puis
des murs en briques se sont substitués aux minces
parois de bois ; peu à peu, de confortables maisons
en pierre, et souvent des châteaux, ont poussé du sol,
comme par miracle. Les pignadars, presque pas im-
posés, lorsqu'il y a un siècle les agents du cadastre ne
taxaient que les vignes, ont donné l'essor à des fortunes rapides et imprévues. Les échasses des pasteurs
qui vivaient parmi leurs troupeaux et tricotaient
entre leurs repas sommaires, sont conservées par
quelques grands-pères et montrées aux visiteurs
curieux des particularités locales ; on en a exposé
dans les musées d'ethnographie. Combien cependant
l'exploitation scientifique de la forêt de pins et des
résineux est encore peu avancée ! Nous devons espé-
rer que, stimulés par les commandes que leur assure
l'industrie, voisins des laboratoires de l'Université de
Bordeaux, forestiers et industriels des Landes ne
s'obstineront pas dans des routines périmées.

La traversée de la ville

Nous approchons maintenant de Bordeaux : à
droite, les coupoles de l'Observatoire de Floirac
coiffent les collines, qui se sont un peu écartées de la
vallée, des clochers pointent parmi d'épais bouquets
d'arbres, des châteaux se sont posés sur toutes les
dentelures qu'échancrent de rapides ravins. Une plage,
au droit de Floirac, celle du quartier de la Souys, appa-
rente maintenant ses profils à ceux de Bègles, qui lui
fait front de la rive gauche. Au-dessus des maisons
plus pressées, mais toujours entourées de jardins, jail-
lissent des cheminées d'usines, aux teintes neuves,

les poutrelles de toits métalliques encore inachevés,
l'immense couvercle gris qui abrite la gare du Midi.
Cet aspect, différent de ce qu'il était naguère, procède des nouveautés les plus récentes ; il y a dix ans,
Bègles n'avait que 11.000 habitants, propriétaires-
jardiniers, plutôt qu'ouvriers. La Souys ne comptait
que quelques cabanes et petits restaurants pour
dimanches suburbains. Il est vrai que le fleuve ne participe guère encore à cette jeune activité. Le nom de
« quartier du quai », à Bègles, exprime surtout une
espérance ; à la Souys, le ponton des « Abeilles »
n'indique pas qu'une cité industrielle a poussé autour.
Voici cependant, au ras de l'eau, des dépôts de bois
et de pierre à bâtir. En pénétrant dans Bordeaux par
cette porte fluviale, nous remarquons un progrès vers
l'industrie et comme un dessein d'y associer la rivière
d'amont.

Traversons rapidement la ville, nous réservant de
détailler explicitement, dans les pages qui suivent, les
particularités intéressantes du port urbain ; il est
visible que, jusqu'à ces tout derniers temps, la rive
gauche seule a reçu un outillage de port ; là se déployaient toutes les manifestations de la vie économique, aussi bien qu'administrative, de la cité ; la
Grosse Cloche est voisine du palais de la Bourse,
devant laquelle, accotés à des quais verticaux, mouil-
lent de grands cargos ; cales inclinées et quais se suc-
cèdent sans interruption jusqu'aux limites de la ville,
où sont creusés les bassins à flot. A droite, au contraire, cet appareil de contact est discontinu ; la bordure immédiate du fleuve est restée, par endroits, une
berge gazonnée ; c'est là que l'on a trouvé, sans trop
chercher, les emplacements nécessaires au garage des

(Cliché Panajou)

Fig. 3. — Dans le port, les gabarres à voile du bas fleuve.

canots automobiles et autres embarcations de plaisance. Mais il est clair, pour qui observe l'invasion industrielle montant de tous côtés, que ces vestiges de banlieue rurale disparaîtront rapidement dans un cadre tout urbain ; les usines de la Bastide tendent à se raccorder au fleuve ; l'une des installations les plus modernes du port, pour la manutention du charbon et des grains, couvre plusieurs hectares de terrains vagues hier.

En aval, sur la rive droite, Lormont et Bassens.

Cependant nous doublons les falaises de Lormont, massif verdoyant que tachent des carrières blanches ; la très mince lisière qui les longe, au ras de l'eau, porte une route étroite, par où s'écoule tout le mouvement des piétons et des voitures entre l'amont et l'aval ; des habitations, que l'on appellerait volontiers lacustres, prolongent en terrasses, au-dessus de l'eau, leurs planchers fondés sur pilotis, maisons de pêcheurs, ateliers de petites constructions fluviales, restaurants populaires à la renommée des fritures ou des matelotes. Par une brèche dans la muraille verte, un chemin grimpe vers l'intérieur, les maisons de Lormont s'alignent sur les deux flancs, dominées par une intéressante église en pierre et par le viaduc du chemin de fer, dont la voie a pris un peu de hauteur pour franchir le cap par un chapelet de tunnels. Epanoui en esplanade au droit du fleuve, le ravin finit sur des pontons pour vapeurs de rivière, avec une station terminale pour les tramways venant de Bordeaux ; l'espace manque pour un mouvement commercial de marchandises, il suffit pour soutenir l'appovisionnement local de Lormont et pour faciliter l'accès des mamelons coupés de bois qui portent, entre Garonne et Dordogne, les vignobles justement réputés de l'Entre-Deux-Mers.

A la hauteur de Lormont, le fleuve dessine une courbe approximativement symétrique de celle de Bordeaux, c'est-à-dire dont la convexité est tournée vers l'Est ; c'est de ce côté, maintenant, que nous trouverons les fonds, tandis qu'à gauche, les alluvions grasses s'enfoncent lentement sous les eaux. Les limites du Bordeaux industriel du Nord, qui a déjà largement débordé les bassins à flot, sont celles du sol consolidé, marécageux dans l'intérieur, légèrement relevé auprès du fleuve ; sur cette berge, un chantier de constructions navales s'est développé au point où il est possible encore d'accéder à des eaux assez profondes pour procéder aux lancements ; plus bas, les usines ont un caractère tout terrien, qui les dispense de s'inquiéter du fleuve ; l'on distingue, au milieu des hautes cheminées, quelques édifices d'allure largement bourgeoise, entourés de vignes. Par là s'annonce l'approche du Médoc, région infiniment intéressante de la Gironde, mais à peine liée au mouvement fluvial, si ce n'est par l'intermédiaire de Bordeaux ; seuls des échanges d'ampleur minime, mesurés aux besoins d'un village ou même d'une habitation, se font ici par voie d'eau, au moyen de gabarres que le flot porte dans les *esteys* et qui assèchent dans la vase, à marée basse. A travers ces terres molles, sur ces plages sans relief et presque sans habitants, il est possible de tailler en grand, pour ouvrir une issue moderne aux bassins à flot du port urbain de Bordeaux ;

c'est le projet dit du canal de Grattequina, dont nous parlerons plus loin.

La Garonne elle-même s'est chargée de marquer, à droite, la place de travaux immédiatement praticables à moindres prix ; on ne sera pas surpris que les nécessités de la guerre aient tout particulièrement pressé ces derniers, là où des additions relativement peu importantes à la nature permettaient d'établir, sur une longueur de plusieurs kilomètres, une bande de communication entre la terre ferme et la route d'eau. La falaise, en aval de Lormont, s'écarte du fleuve ; les villages s'échelonnent en quartiers, depuis le sommet des collines jusqu'à la rive ; de même les vignobles, étagés des côteaux riches de crus classés aux *palus* du bas ; sur ceux-ci, des canaux éclusés introduisent à volonté l'eau lourde d'alluvions fertilisantes, propice à des récoltes robustes, dont l'abondance n'exclut par la finesse. Tout terrien, lui aussi, comme celui qui lui fait face à l'ouest du fleuve, ce quartier de communes demeurées longtemps rurales, est aujourd'hui celui des appontements de Bassens et de toute une série d'industries, qui grandissent autour. L'évolution est en pleine marche ; nombre de traits visibles expriment en quoi elle est inachevée encore.

Les châteaux s'égrenaient jadis en ligne continue, au bord de l'eau, solidement bâtis dans la belle pierre des falaises prochaines, plusieurs timbrés de la signature de Louis ou d'autres illustres architectes du XVIII⁰ siècle. Saluons ceux qui subsistent : spacieux salons à boiseries, beaux escaliers, parfois monumentaux, tourelles d'angle ; les celliers, les chais, les logements d'exploitation sont tout proches, mais nettement séparés de la maison de maître ; celle-ci est entourée d'un jardin d'agrément qui, lui-même, touche aux vignobles ; une allée droite, plantée d'arbres et conduisant au fleuve, est la promenade intérieure, un peu monotone, de la propriété ; elle se termine par un belvédère, non loin de la cabane plus modeste qui abrite la prise d'eau et les pompes nécessaires à l'inondation périodique du vignoble. Combien de négociants bordelais, depuis l'âge d'or du commerce avec les Antilles, sous Louis XV, ont fixé là leur résidence suburbaine, vignoble de rapport, jardin potager et fruitier, chalet de villégiature estivale et, l'on dirait presque, de bains de mer ! Un grand trou est maintenant ouvert dans ce calme paysage de banlieue bourgeoise. Bassens a toujours ses châteaux de collines et la jolie flèche de son église, piquée sur la hauteur, mais nombre de châteaux du palus ont disparu ; la rivière est bordée de quais en bois, de voies de chemins de fer, de grues hydrauliques ou électriques ; des murs en ciment armé s'élèvent parmi des baraquements aux toits goudronnés ; le sol, aplani pour la pose des rails et la fondation des bâtiments, a perdu sa verdure et montre des plaies béantes ; de la campagne déclassée surgit un des quartiers du plus grand Bordeaux.

Palus, maintenant, terres bases à droite et à gauche. Les collines de l'Entre-Deux-Mers s'écrasent vers le confluent des deux fleuves ; les hauteurs bordières de la double vallée sont désormais visibles au delà de la Dordogne. De part et d'autre de la Garonne, des domaines à vignobles, dont beaucoup se parent du titre de châteaux ; de loin en loin, une estacade en bois, ou le débouché boueux d'un *estey*. Nous avons descendu vingt-deux kilomètres depuis Bordeaux, le

Médoc commence à se relever sur notre gauche, en arrière du clocher de Macau ; le fleuve se divise en deux bras, depuis la pointe de l'île Cazeau. La navigation maritime suit le bras oriental, par où la Garonne affine contre la Dordogne la pointe du bec d'Ambès ; il n'y a plus de routes carrossables sur cette esplanade d'alluvions, l'herbe rase y encadre des bras morts et des bas-fonds, les vignobles ont cessé, les bouquets d'arbres se raréfient autour de quelques tertres. A vingt-six kilomètres exactement du pont en pierre de Bordeaux, la Dordogne s'unit à la Garonne. L'on croirait volontiers, ici, que l'affluent est le cours d'eau principal, car l'île Cazeau, étirée sur une dizaine de kilomètres jusqu'à la pointe de l'île Verte, fait écran devant le chenal de la Garonne qui borde le Médoc ; nous n'apercevons ainsi que de loin Cantenac, Margaux, Soussans, communes privilégiées de nobles crus médocains.

Le Bec d'Ambès et le confluent de la Dordogne ; Libourne.

Au Bec d'Ambès commence la Gironde proprement dite ; une brève excursion sur la Dordogne ne sera pas inutile pour nous montrer, en sa partie accessible à la navigation maritime, ce que vaut cette rivière, dans l'ensemble qui constitue l'estuaire girondin. Du Bec d'Ambès au pont de Libourne, on compte à vol d'oiseau, un peu plus de trente kilomètres et quarante-cinq environ en suivant les sinuosités de la vallée ; sur cette section, la Dordogne est traversée par deux ponts en viaduc, portant, l'un le chemin de fer de Bordeaux à Saintes, l'autre une route nationale ; ils franchissent le cours d'eau, à quelques centaines de mètres d'intervalle, sur le territoire de Saint-André-de-Cubzac ; ce sont des œuvres d'ingénieur intéressantes, mais non exceptionnelles. De ces chaussées, suspendues à vingt mètres au-dessus du niveau moyen de la Dordogne, la vue embrasse un panorama magnifique, le plus caractéristique probablement de ce cours inférieur de la rivière : terres basses à gauche, plages d'alluvions de l'Entre-Deux-Mers, obligeant les constructeurs des ponts à commencer leurs rampes loin de la vallée, collines à droite, en falaise dentelée, dont les pointes sont rehaussées par des villages ou des châteaux ; des raidillons montent dans l'intérieur, vers une couronne de bois.

Libourne est au confluent de la Dordogne et de l'Isle, dont les eaux, renforcées de celles de la Dronne, près de Coutras, ont déblayé un plus large couloir vers la vallée principale. Port et place de commerce, depuis l'époque romaine, « bastide » au temps de la guerre de Cent ans, Libourne s'est transformée, comme Bordeaux, au XVIII⁰ siècle ; elle possède, elle aussi, ses « allées de Tourny », tracées sur l'emplacement d'anciens fossés comblés. Son esprit municipal n'est pas moins susceptible que celui de Bordeaux et son aristocratie du vin ne le cède pas à celle des Chartrons. Elle a connu des générations d'habiles ouvriers en bois et en fer, elle tient à son rang de première sous-préfecture du département de la Gironde, justifié par l'activité de sa vie économique et sa population voisine de 25.000 habitants. Peut-être, en ces dernières années, la croissance rapide de Bordeaux lui a-t-elle un peu porté ombrage ; elle s'applique aujourd'hui à rattraper sa distance, en mettant au point des projets qui feront d'elle un organe nécessaire du port girondin. Sa situation, mieux exploitée, lui permet certainement d'avoir confiance en l'avenir ; l'essor récent de sa navigation de plaisance indique dans quel sens elle se propose de grandir.

La Dordogne n'a pas encore atteint le Bec d'Ambès, lorsqu'elle baigne les murailles pittoresques d'un gros village, appelé, par une sorte d'anticipation géographique, Bourg-sur-Gironde ; plus largement ici qu'à Lormont, mais sous une forme analogue, le relief montueux de l'intérieur serre de près les eaux : la Gironde, en fait, commence bien là où la falaise a courbé souverainement la Dordogne vers la Garonne, à Bourg même. Cet aspect se prolonge, une fois le confluent franchi, jusqu'au delà de Blaye ; ici, la crête, presque à toucher l'eau, se déroule à plus de 8o mètres de hauteur ; des carrières de pierre à bâtir y sont évidées, à Roque-de-Thau ; tels coins de Bourg, avec leurs ruelles en escaliers et leurs jardins fleuris sur des terrasses, ont des airs de kasbas méditerranéennes. Chaque commune a son quartier haut et son port, j'allais écrire sa « marine » ; ce ne sont pas là des conditions très favorables pour de larges transactions fondées sur l'usage de la voie d'eau ; chacune de ces cellules, se suffisant à peu près elle-même, prête cependant à un menu cabotage qui concentre des marchandises et tire de ces petites places, tranquilles et pittoresques, des ressources d'appoint pour le mouvement général de Bordeaux. Cette collaboration a pris, depuis quelques mois, un caractère intéressant de spécialité, sur lequel nous aurons à revenir.

Les falaises de Bourg et de Blaye.

Bayon, Gauriac, Villeneuve, Plassac ont ainsi leurs
doubles alignements d'habitations, — haut et bas, —
et leurs débarcadères ; vieilles bourgades ; — on y a
découvert des mosaïques romaines, elles sont modestes à côté de Blaye, hâvre et forteresse, du vœu
évident de la nature : la Gironde creuse ici, vers l'intérieur des terres, un bassin allongé, qui termine
une rampe d'accès au plateau ; juste au-dessus de cet
abri, et commandant sa jonction avec la Gironde, se
dresse une colline en citadelle ; il a suffi d'en consolider par des murailles les pentes abruptes pour en
faire une forte station militaire : Blaye a vu défini par
là son rôle historique, depuis l'antiquité. Pour Bordeaux, avant les aménagements qu'a permis la science
contemporaine, c'était l'avant-port et le bastion avancé
tout ensemble. Les Romains y tenaient garnison ; le
poète Ausone l'appelle « la guerrière » ; on s'y battit
dès les temps mérovingiens ; un petit-fils de Clovis
aurait été enseveli à Blaye, à peu près sur l'emplacement de la prison où fut enfermée, sous la Restauration, la duchesse de Berry. Ce passé belliqueux paraît
bien aboli ; la citadelle que Vauban avait alourdie,
aux dépens de vieux monuments, est devenue une
promenade ombreuse, un des jolis observatoires de la
navigation de la Gironde. Mais l'anse, qui vit si souvent jadis des vaisseaux de guerre, n'est plus aux
dimensions de nos petits cargos ; sans une rénovation
profonde, Blaye aurait dû renoncer à compter beaucoup plus, pour la circulation girondine, que Gauriac
ou Bayon ; les leçons de la dernière guerre l'ont per-
suadée de ne s'y point résigner.

L'importance militaire de Blaye, clef de la Gironde, était accusée par les fortifications complémentaires de celles de la ville, qui fermaient à la même hauteur le cours de la Gironde,, le fort Pâté, dans une île et le fort Médoc, sur la rive gauche ; ces ouvrages, datant de Louis XIV, sont déclassés, mais la calotte de pierre du premier, entre des perrés gazonnés et des parquets de petits arbres, garde une silhouette originale. Peu de kilomètres en aval de Blaye, la rive droite de la Gironde est occupée par des marais ; le courant a séparé de la terre ferme des îles étirées, à peine émergées, où s'isolent quelques domaines à vignobles. Les habitations s'éloignent des bords malsains, qui n'ont pas reçu encore des colonies de spécialistes du dessèchement des eaux stagnantes, comme les Hollandais qui assainirent, en amont, Montferrand, et Bruges, au XVIIe siècle. L'administration départementale a tracé là, sans provoquer aucune protestation, la limite du département de la Gironde. La rive droite de l'estuaire, jusqu'à l'Océan, appartient désormais à la Charente-Inférieure ; c'est la raison de quelques jalousies et de quelques malentendus, qu'il conviendrait d'immoler devant une conception moins mesquine des intérêts communs.

La rive charentaise de la Gironde, dès que l'on a dépassé la zone des marais, est fort pittoresque ; les voies ferrées d'intérêt local, au lieu de courir seulement dans l'intérieur, viennent toucher le fleuve à partir du point où les falaises réapparaissent, à Port-Maubert, à Mortagne. De plus en plus nettement, à mesure que l'on approche de l'embouchure, la berge d'alluvions fait place à des dépôts de sable fin, lentement inclinés. Les collines descendent vers la Gironde par des escarpements rocheux, percés de grottes qui font cirque autour des plages. Celles-ci ressemblent à de grandes coquilles surgissant des flots, d'où le nom de *conches*, qui les désigne dans le pays ; la vague du large les atteint, plus ou moins directe et forte suivant les courbures du rivage, de là l'heureuse variété des stations de bains de mer très fréquentées de ce littoral charentais, Meschers, Saint-Georges-de-Didonne, Royan surtout, dont la réputation a beaucoup débordé les limites régionales et qui reçoit par milliers, chaque été, des Parisiens, voire des étrangers, en même temps que des Charentais et des Bordelais. Nous n'insisterons pas ici sur ces plages, parce que leur activité, toute saisonnière, est assez extérieure au mouvement économique de la Gironde. Royan s'approvisionne ailleurs qu'à Bordeaux, dont elle est séparée par un peu plus de 100 kilomètres ; ses environs n'envoient à peu près rien au port métropolitain de l'estuaire ; il y a là une absence évidente de solidarité. Peut-être en serait-il autrement si jamais un avant-port de Bordeaux était installé sur la rive droite de la Gironde maritime ; mais le moment n'en paraît pas proche et nous en dirons plus loin les raisons.

Sur la rive gauche : le Médoc, vignobles et landes. Pauillac, Le Verdon.

En aval de Blaye, la rive vraiment girondine est la gauche, celle du Médoc et de la Pointe de Grave. La route d'eau longe ici, de près, des vignobles qui ont porté tout autour du monde 'la renommée de Bordeaux ; sur les communes de Beychevelle, Saint-Julien, Pauillac, Saint-Estèphe et quelques autres, voisinent des crus glorieux, ceux de Beaucaillou, Gruau-Larose, Léoville-Poyferré, La Tour, Pontet-Canet, Mouton-Rotschild, Château-Lafite, Beausite, Cos d'Estournel... Le passager qui entre en Gironde voit défiler sous ses yeux ces belles habitations, dont l'architecture porte presque toujours le cachet du luxe et du goût tout ensemble. Et c'est bien ici une partie éminente de la fortune de Bordeaux qui nous est présentée .Les vins du Médoc ne commandent sans doute pas la construction de chemins de fer dispendieux, ni d'appontements de grand style scientifique ; on les a fort bien transportés, pendant des siècles, dans des charrettes ou sur des gabarres non pontées ; cet afflux par moyens archaïques soutenait puissamment, néanmoins, le commerce d'exportation et la grande navigation de Bordeaux. Même si des méthodes plus savantes assurent maintenant des chances plus stables au vignoble d'abord, au vin lui-même ensuite, ce n'est pas du tonnage qu'il faut jamais prévoir au départ du Médoc viticole ; la circulation peut toujours être ordonnée, ici, en fonction de qualités plutôt que de quantités.

Il est vrai que, à l'ouest des vignes, le Médoc offre aussi de tout autres ressources ; il participe de la nature des Landes, avec des pignadars et des étangs allongés près de la mer. Le transport des bois et des résineux demande un appareil bien différent de celui des vins de cru ; dans cette zône, il est dirigé sur Bordeaux par des routes intérieures, rarement par la Gironde. Lesparre s'est formé sur la frontière des pignadars et des vignobles ; elle doit à ce double voisinage l'ancienneté de ses marchés, mais n'a jamais grandi au delà des proportions d'un gros village de 4.000 habitants ; elle communique avec Bordeaux par

(Cliché Panajon)

Fig. 4. — Appontements de Trompeloup à Pauillac

une ligne de chemin de fer qui dessert Pauillac au passage ; c'est à peu près sa seule raison de s'intéresser à la rivière. Au contraire, Pauillac est un organe du port de Bordeaux ; à 47 kilomètres du chef-lieu, en face de l'île de Patiras, dont le feu indique aux navires entrants la tête du chapelet des îles, la ville s'est posée en bordure de la rivière, dans l'intervalle entre deux *esteys* ; les appontements de Trompeloup, qui en fait une allège de Bordeaux, s'avancent dans le fleuve, à 2 kilomètres plus en aval ; des hauts-fourneaux ont été bâtis auprès. Un tel paysage industriel étonne, au premier coup d'œil, sur ces bords de la Gironde où la vie rurale domine de traditions séculaires toute l'activité des hommes ; si l'on y réfléchit, il est un signe de temps qui assortiront ces traditions mêmes de fécondes nouveautés.

Le Médoc des vignes et des châteaux se morcelle en aval de Saint-Estèphe, puis disparaît. La presqu'île triangulaire, qui finit par le promontoire élargi du Verdon, n'est plus qu'une bande de marécages sur la Gironde, une lande amincie le long de l'Océan. Des plages familiales de la Lande, aux chalets épars sous les pins, Soulac est la plus connue, très vieille ville, si l'on excepte son jeune quartier maritime, et dans laquelle des dunes ont, au cours des siècles, recouvert des sépultures et des monuments. La route et le chemin de fer du Médoc, qui se sont écartés de la Gironde pour éviter les marais, atteignent ensuite Le Verdon et Pointe de Grave, qui fait face à Royan. Sur ce cap terminal, on n'avait jusqu'ici installé que des batteries pour défendre l'entrée de la Gironde, de même que l'îlot de Cordouan, au large, ne portait qu'un phare pour l'éclairer. Il est aujourd'hui décidé qu'on lui réservera d'autres emplois. A l'abri du promontoire, dans l'intérieur, la Gironde a creusé une rade en eau profonde, accessible aux plus grands paquebots ; là serait, dans le plus grand Bordeaux dont le plan est maintenant en cours d'exécution, la station avancée de contact entre la Gironde et l'Océan.

Conditions de la navigation en Gironde. — Les marées et les courants ; les seuils et les fosses.

Telle est, sur les quelque 100 kilomètres qui séparent Bordeaux de la mer, la physionomie extérieure de la Gironde. Quelles conditions offre aux navigateurs le fleuve qui coule entre ces rives ? La position du port principal, fort avant dans l'intérieur des terres, est un avantage incontestable, puisque la navigation maritime est ainsi portée au cœur d'un pays peuplé, riche de produits divers qui appellent les échanges ; par contre, la longueur du chenal exige des travaux particuliers, d'autant plus que la Gironde débouche sur un Océan à fortes marées ; dans le port urbain, la plus haute mer y est de 6 m. 57 au-dessus de l'étiage ; les hautes mers moyennes atteignent 5 m. 31 en vive-eau ordinaire et 4 m. 04 en morte-eau ordinaire » (1). L'amplitude de ces oscillations est un premier fait capital pour les opérations des navires en Gironde ; un autre, non moins important, est la force des courants ; la succession bi-quotidienne du montant et du descendant permet à la grosse batellerie locale une rotation active, sans qu'il soit souvent nécessaire de hisser la voile dont les gabarres sont

(1) Georges CLAVEL, *Le port de Bordeaux et son avenir.* Bordeaux, 1916.

pourvues, mais il faut aux pilotes de ces embarcations beaucoup de prudence et une expérience éprouvée de la rivière pour évoluer au milieu d'éléments fluviaux d'une extrême mobilité. Pour les navires de mer, auxquels la vigueur du courant est plus indifférente, sauf pour les conditions du mouillage, c'est la profondeur du chenal qu'ils doivent surtout considérer.

A cet égard, les services de la navigation ont soigneusement relevé les profils de la Gironde, à l'effet de localiser et, au besoin, de corriger les seuils qui s'interposent entre les fosses ; il est évident que ces seuils limitent les tirants d'eau des bâtiments admis dans le fleuve ; l'idée qui se présente la première est donc de les draguer pour approfondir le chenal. Mais cette opération n'est pas si simple qu'on pourrait le croire, car les mouvements du fond sont déterminés par une série complexe de facteurs, courbe des rives, intensité des courants au ras du sol, densité des alluvions colmatées et de celles que l'eau tient en suspension, etc... L'observation a démontré l'emplacement et la permanence de plusieurs rades, entre les ponts de Bordeaux et la mer ; les plus voisines de la ville offrent des mouillages naturels d'au moins 7 mètres à l'accostage ; tel est le cas au droit de Bassens et de même, sur la rive droite, au lieu dit Grattequina, choisi pour le débouquement futur des bassins à flot agrandis. Ces fosses sont séparées des quais de la ville par les seuils de Cariette et de Bacalan, où la hauteur d'eau, avant corrections, pouvait tomber au minimum de 4 mètres. Il y a plus bas, jusqu'au Bec d'Ambès, trois autres seuils analogues ; le plus critique est celui du Caillou, sur lequel l'épaisseur d'eau a été parfois réduite à 3 m. 5o. Empressons-nous d'ajouter que ces

obstacles ont été attaqués depuis longtemps et que,
dès le commencement du XXᵉ siècle, l'accès des quais
urbains de Bordeaux était assuré, en morte-eau, aux
navires calant 7 m. 75, en vive-eau, à ceux dont le tirant atteint 7 m. 80.

Près du Bec d'Ambès se présentent deux rades, avec
des profondeurs supérieures à 8 et 10 mètres, la première contre la falaise de la Dordogne, de Bourg à
Roque-de-Thau, la seconde au milieu du fleuve, à
l'île Verte ; cette dernière est intéressante pour les
bâtiments de fort tonnage qui doivent attendre
quelques heures la haute mer, pour circuler sur la
section supérieure de la Gironde ; la largeur du fleuve
est ici de 3 kilomètres au moins, il va en s'épanouis-
sant, jusqu'à 10 kilomètres, donnant au passage l'impression d'une petite mer, où la brise du Nord-Ouest,
en particulier, ride la surface d'une houle légère, très
sensible sur les canots. A Beychevelle, en face de
Blaye, un nouveau seuil coupe le chenal, qui se rapproche de la rive du Médoc et laisse à droite les îles
Sans-Pain, Bouchaud, Patiras. Une nouvelle fosse
commence à Pauillac-Trompeloup, profonde cette fois
de 12 à 16 mètres, avec des largeurs suffisantes pour
se prêter aux mouvements des plus grands navires ;
à toucher les appontements de Pauillac, il y a plus de
9 mètres d'eau, par les plus basses mers. Ainsi, exactement à mi-chemin entre Bordeaux et l'Océan, une
rade d'attente est indiquée par la nature ; fidèle à
une sorte d'harmonie préétablie, le chemin de fer du
Médoc s'est ici rapproché de la rivière et Pauillac
s'annonce, à première inspection, comme un port
annexe de Bordeaux.

Les passes de l'embouchure

Franchissons encore le « platin » de By, immergé sous 5 mètres d'eau, mais avec des chenaux plus profonds le long de la côte médocaine ; la Gironde, maintenant, se creuse en corridors dont le sol s'enfonce vers l'embouchure ; ce sont, entre les îles allongées et dans le même sens qu'elles, Sud-Ouest au Nord-Ouest, les rades de Richard, avec 9 mètres d'eau, et du Verdon, qui en a plus de 12 ; elles se déroulent sur une vingtaine de kilomètres, assurant toutes facilités de relâche aux navires, quelles qu'en soient les les dimensions, qui ne veulent pas immédiatement prendre la mer. L'éperon du Verdon couvre, contre les vents soufflant de l'Atlantique, une vaste surface d'eau profonde qui, déjà, participe des mouvements de la mer, mais réserve d'excellents mouillages, sur une allée large de plus d'un kilomètre, et longue d'une dizaine. Les embarcations des pilotes viennent s'abriter dans cette rade, lorsqu'il y a grosse mer, avant de prendre le large, au-devant des navires clients. A l'époque de la marine à voiles, les bâtiments de long cours marquaient là leur dernière station en Gironde, animant d'un mouvement local ces eaux intermédiaires entre le fleuve et l'Atlantique, où l'on ne voit plus guère aujourd'hui que des passants pressés de brûler l'étape.

L'embouchure proprement dite, entre la Pointe de la Grave et celle de la Coubre, est divisée par des plateaux sous-marins en trois passes ; l'accès principal longe la côte saintongeoise, par les passes dites du Nord et du Matelier, où les tirants d'eau ne s'abaissent que très exceptionnellement au-dessous de 13 mètres ; on doit remarquer cependant que, par gros temps, le tangage réduit de 1 à 2 mètres l'épaisseur utile de cette couche d'eau. Le plateau de Cordouan, dont la partie émergée porte le phare du même nom, est séparé de la côte de Soulac par une troisième passe, accessible seulement aux paquebots moyens. On observe souvent de légères brumes, au large de la Gironde, mais on compte les journées pendant lesquelles le brouillard oppose des difficultés réelles à la navigation. Nous tenons à présenter ici ces indications, sans flatter d'un seul trait la rigoureuse exactitude de notre tableau : la conclusion qui s'impose est que la Gironde offre à la navigation maritime des conditions au moins aussi favorables que celles des autres ports de l'Atlantique, étrangers ou français ; il est clair qu'en pareille matière l'homme doit « ajouter son effort à la nature », mais il paraît bien que, dans l'ensemble, la nature a gâté la Gironde et le port de Bordeaux.

Dans un estuaire exposé comme celui de la Gironde, des travaux de consolidation doivent être menés sans aucune interruption. La marée de l'Atlantique est très forte sur toutes nos côtes de France ; elle atteint sa violence suprême quand elle est comprimée dans des entonnoirs tels que la baie du Mont Saint-Michel ; elle est redoutable même lorsqu'elle se répand sur des espaces plus larges, mais toujours avec une concentration générale, ce qui est le cas du golfe de Gascogne ; passes de la Gironde, barre de l'Adour sont des phénomènes de même ordre, des verrous fabriqués aux dépens des côtes par le barrage des courants marins. Pour la Gironde, la masse fluviale, rassemblée d'un vaste bassin, est suffisante pour faire parfois équilibre au flot ; le dépôt des troubles, charriés par des eaux qui se heurtent, n'en est que plus actif ; il arrive que, la mer arrivant à peine à renverser le cours du fleuve, triomphe de lui de temps en temps par une poussée souveraine, qui gonfle brutalement le niveau, d'aval en amont ; la Gironde n'échappe pas au phénomène du mascaret, spécial aux grands fleuves qui tombent dans des mers très puissantes ; la violence en est peu dangereuse, parce que toujours prévue. La force des eaux girondines tient à la richesse et à l'altitude de leurs sources, qui tombent du Massif Central et des Pyrénées ; elle est plus sauvage, là où le ruissellement a été soustrait, par le déboisement des montagnes, à la discipline des forêts. C'est à Bordeaux, il y a moins de vingt ans, que fut fondée la première société active de France « pour l'aménagement des montagnes », précieuse indication de la solidarité géographique qui unit toutes les parties de ce Sud-Ouest ; la protection de la terre des hauts tend à l'équilibre des rivières qui en descendent, à la prospérité régulière des ports près desquels ces cours d'eau vont se mêler à la mer.

CHAPITRE IV

LE PORT JUSQU'A LA GUERRE

Les premiers travaux en rivière, au XIXe siècle

La Gironde est restée ce que la nature l'avait faite jusque vers le milieu du XVIIIe siècle ; des travaux de port proprement dits suffisaient auparavant, puisque les dimensions des navires s'accommodaient des accès existants ; les ouvrages en rivière ont pris une tout autre valeur, depuis que les bâtiments de mer ont grandi et que les transactions par mer ont cessé de porter sur des marchandises relativement précieuses, chargées par petites quantités. En Gironde, les navires de 5oo tonneaux, sous Louis XV, attendaient les grandes marées pour monter à Bordeaux, — ce qui n'empêchait pas la ville d'être alors l'une des plus opulentes de l'Europe. « En 1733, devant Blaye, la garnison du fort Pâté tirait à bras les navires calant plus de 13 pieds » (un peu plus de 4 mètres) ; les règlements fixaient à 14 pieds le maximum de calaison admis en Gironde (1). Mais les grands

---

(1) Brutails, *Guide illustré dans Bordeaux et les environs*, p. 16.

bâtiments d'alors n'excédaient pas les dimensions de nos moyennes goëlettes d'aujourd'hui et l'on ne faisait venir d'outre-mer en France ni charbon, ni grains, ni viandes frigorifiées ! En 1880 encore, les paquebots principaux tiraient à peine plus de 7 mètres ; des unités comme celles des Messageries Maritimes, desservant l'Amérique Latine, au départ de Bordeaux, étaient les express de luxe — vraiment distingués, non seulement par de rares qualités marines, mais par une intelligente adaptation aux besoins contemporains.

Les ingénieurs se sont attaqués aux problèmes des puissants travaux de port et de rivière, dès que la croissance des bâtiments de mer et les transformations concordantes du commerce maritime les y a contraints. En Gironde (et c'est le cas de tous les ports intérieurs), il convenait d'améliorer les accès, en même temps que de développer l'outillage du port lui-même. Ce que nous avons dit ci-dessus laisse aisément comprendre que la tâche, quant au chenal, a consisté surtout à draguer les seuils, sur des largeurs réduites, mais suffisantes pour assurer la circulation des navires entre les fosses. On a généralement cherché à faire travailler les forces naturelles en concours avec les créations artificielles ; on a, par des épis deminoyés, dirigé les courants de manière qu'ils vinssent approfondir les creux pratiqués par les dragues. Ceci ne va pas sans des tâtonnements et des écoles ; les seuils éclusent le cours du fleuve et maintiennent ainsi les niveaux d'amont. Au-dessus de Bordeaux, les dragages ont bien déblayé un chenal, d'ailleurs assez précaire, mais ils ont abaissé le plan d'eau, ce qui n'a pas été sans inconvénients pour des riverains, tels que les minotiers. On ne saurait trop répéter quelle est la délicate complexité de toutes ces retouches, nécessaires cependant, à la circulation naturelle des eaux fluviales.

Les grands travaux en Gironde ont commencé sous le Second Empire ; ils se sont poursuivis, suivant l'orientation générale que nous venons d'indiquer, jusqu'au début du XXᵉ siècle. Dans cet intervalle, on a dragué, on a construit des quais en rivière, on a créé de toutes pièces le port allège de Pauillac. Les améliorations furent menées d'amont en aval, d'abord jusqu'au Bec d'Ambès, puis sur une trentaine de kilomètres au-delà ; elles portèrent sur la fixation des berges, la supression de faux bras et des dragages méthodiques. La première série fut terminée en 1880, la seconde fit l'objet d'une loi du 3 août 1881, qui engagea 30 millions de dépenses et fut achevée seulement en 1908. La modicité de ce chiffre, même si l'on tient compte des prix d'il y a quarante ans, démontre que les initiateurs de ces travaux n'avaient point péché par accès de hardiesse. Sans doute n'éprouvait-on pas alors, à Bordeaux, le besoin d'innovations de grande envergure ; nous avons déjà dit que la création du port de Pauillac rencontra des hostilités agissantes, qui réussirent, tout au moins, à faire amputer le plan originalement adopté.

Bordeaux vivait alors, en effet, une époque de prospérité brillante et ne s'inquiétait pas de l'avenir. Les traités de 1860, instituant le libre-échange entre la France et l'Angleterre, avaient donné un essor splendide au commerce des vins girondins ; les propriétaires de mines d'Angleterre commençaient aussi à importer des poteaux de pins des Landes, pour boiser les galeries, et envoyaient du charbon en échange. Pas plus que les relations avec l'Amérique Latine, celles du Sénégal ne comportaient encore de paquebots de très grandes dimensions ; Buenos-Aires n'avait rien d'un port ; passagers et marchandises étaient descendus en rivière, du vapeur sur des allèges, et passaient de celles-ci sur des charrettes, enfoncées dans l'eau à reculons jusqu'au moyeu des roues. L'outillage était encore plus sommaire sur la côte d'Afrique, où les gommes arrivaient à dos de chameau ; Dakar n'était qu'un village en face de l'île de Gorée, qui gardait son air de prison insulaire pour esclaves noirs en instance d'expédition aux Antilles. Le port européen de ces régions transatlantiques se tenait à la mesure de ce qu'elles étaient elles-mêmes. Supérieur certes à ce que nous l'avons vu sous Louis XV, il ne paraissait pas soucieux de s'amplifier, alors que la situation présente lui assurait de substantiels avantages.

Valait-il la peine de creuser profondément le chenal de la Gironde? On avait prévu 7 mètres pour accès de Bordeaux par toutes eaux, 8 mètres pour les jours de grandes marées ; c'était plus qu'assez pour les voiliers de saison, qui continuaient le traditionnel commerce des morues de Terre-Neuve, pour les cargos et les vapeurs mixtes naviguant entre la Gironde, l'Angleterre et les pays du Nord de l'Europe, pour les bâtiments spéciaux de l'armement sénégalais et même pour les paquebots en relation avec les jeunes républiques sud-américaines. Le premier bassin à flot, creusé au nord de la ville, dans les terres basses de Bacalan, fut relié à la Garonne par des écluses calculées à l'origine pour un tirant

d'eau maximum de 5 mètres avec une longueur à
peine supérieure à 140, dimensions des gros vapeurs
de charge, sous Napoléon III, et même un peu plus
tard. Peut-être aurait-on pu s'apercevoir, dès lors, que
le mouvement était lancé vers des constructions de
navires sensiblement plus grands, que, au même
moment, les pays sud-américains se transformaient
d'année en année et que d'importantes nouveautés
apparaissaient même en Afrique ; d'anciens capi-
taines au long cours bordelais, forts de leur expérience de Buenos-Aires, cessaient de naviguer pour
se faire négociants en vins et servir, sans grand
travail, les pionniers, rapidement enrichis, qu'ils
avaient connus là-bas. Du Sénégal, peu à peu agrandi
en Afrique Occidentale Française, arrivaient maintenant des arachides, produit de culture indigène et non
plus de cueillette, ainsi que la gomme. Des clients
nouveaux, des affaires inédites s'offraient à l'initiative des Bordelais ; l'outillage du port n'évoluait pas,
en correspondance avec ces chances à peine raison-
nées.

Nous ne serons pas injustes en constatant que,
pendant cette période, les améliorations furent trop
timides, de même que la fortune était trop facile ;
Bordeaux cessa d'armer, pour se borner à vendre,
sans s'inquiéter du pavillon. Les constructeurs fer-
mèrent peu à peu leurs chantiers, l'on en resta aux
programmes réduits, aux petites dotations noyées
parmi beaucoup d'autres en divers chapitres du bud-
get. Il est vrai que certains commerces spéciaux ont
alors acquis une haute prospérité, dissimulés à
l'ombre de celui des vins, confortable et magnifique ;
on citerait les noms de véritables maîtres dans la

direction d'entreprises bordelaises en Afrique, aux Antilles, voire, dans des proportions mbindres, en Indochine ; par contre, peu d'industriels ; les uns et les autres ordinairement isolés, criblés de critiques dès qu'ils envisageaient publiquement l'idée de communications à travers des cloisons étanches. Entre les Compagnies de chemins de fer accédant à Bordeaux, pas d'accord pour un service associant le trafic par les diverses gares et le combinant avec celui des paquebots ; l'usage de la « voie des quais », reliant la gare Saint-Jean (Midi), à la gare Saint-Louis (Médoc), celui de la passerelle par où la gare d'Orléans (Bastide) communique avec la rive gauche donnaient lieu à des perceptions supplémentaires, à des complications de formalités, que des intéressés habitués à causer entre eux n'auraient pas longtemps tolérées.

L'outillage du port, en une pareille ambiance, était retouché, entretenu, plutôt qu'amélioré. La limite de cette période est assez nettement l'année 1908, date à laquelle sont terminés les travaux prévus en 1881. Gardons-nous de déprécier la tâche accomplie jusque là, car elle a tout au moins préparé les progrès ultérieurs. On doit comprendre aussi que les tarifs protectionnistes de 1892 avaient déconcerté le commerce bordelais, habitué au régime des traités de 1860 ; les vins avaient obtenu une sorte de délai de grâce, par l'institution « d'entrepôts spéciaux » où étaient pratiqués les coupages des sortes destinées à l'exportation ; des distilleries de maïs, apportant d'Amérique leur matière première reçue avec droits de douane réduits, avaient aussi acclimaté en Gironde une industrie intéressante, élément plus moderne d'acitivité pour le port. Ces faveurs ont été vite supprimées ; force fut

alors d'étudier autre chose, d'assouplir les prévisions
de travaux à de nouvelles perspectives, d'accueillir
des suggestions d'abord écartées. Quelques hommes
d'affaires, clairvoyants, apprécièrent l'intérêt de rapprocher des ateliers et des comptoirs les chaires et
les laboratoires de l'Université de Bordeaux ; un
groupe de membres de la Chambre de commerce, à
la voix de M. Emile Maurel, fonda près la Faculté des
Lettres, en 1897, un enseignement spécial de « géographie coloniale ».

La situation vers l'année 1900 : le port amont, l'outillage des quais urbains, le bassin à flot.

Le port urbain de Bordeaux comptait alors trois
parties : une zone réservée à la navigation fluviale,
en amont du pont de pierre, des quais verticaux ou
inclinés et un bassin à flot en aval. La batellerie
d'amont, chalands et remorqueurs, se contentait d'ouvrages médiocres ; elle était cependant avtive, surtout si l'on pense à la pauvreté des moyens dont
elle disposait, et aussi au fait que les chemins de fer
du Midi, depuis le rachat des canaux de la Garonne
(1898), paralysaient de leur mieux les transports fluviaux par des tarifs de concurrence. La loi du 22 décembre 1903, complémentaire du fameux « plan
Freycinet » de 1879, porte (tableau annexe A) dotation
pour la Garonne et le Canal du Midi de 14 millions
seulement ; 8 millions y figurent de plus (tableau C),
pour améliorations au port de Bordeaux, mais
l'avant-port fluvial paraît n'avoir à peu près rien
prélevé sur cette maigre préhende. De là les protes-
tations d'une société locale, *la Garonne navigable*,
devenue ensuite le *Sud-Ouest navigable*, née de

l'initiative désintéressée d'un professeur au lycée de Bordeaux, M. Georges Rossignol, que comprit et encouragea l'un des chefs éminents du grand commerce girondin, M. Eugène Buhan ; malgré leurs efforts, ni le port fluvial de Bordeaux, ni la navigation d'amont ne retinrent alors, comme il eût convenu, l'attention persévérante des autorités ; l'œuvre est à reprendre, presque de toutes pièces, aujourd'hui.

Au delà des ponts, la navigation maritime disposait, sur la rive gauche, d'environ 2.100 mètres de quais, plus les 1.500 mètres de bassin à flot, et sur la rive droite, des 650 mètres des appontements, dits de Queyries. A gauche, les quais verticaux sont discontinus, coupés en six sections par des cales inclinées ; ils bordent une fosse, creusée par la rivière au sommet de sa courbe bordelaise, sur fond de vase molle, ce qui permet à des navires, calant un peu plus que l'épaisseur d'eau des basses mers, de s'amarrer à marée haute et de reposer ensuite sans danger au ras du quai ; pratiquement, un tirant d'eau de 7 mètres est donc admissible au mouillage de ces quais verticaux. Le trafic, sur la rive gauche, est très divisé et très varié ; aux exportations, il porte surtout sur vins et spiritueux, résineux, conserves, produits agricoles et alimentaires ; à l'importation arrivent grains, oléagineux, sucre, bois, machines, phosphates, produits chimiques, etc... Le quai de Bacalan, qui est le plus voisin du bassin à flot, est l'embarcadère des paquebots de la Transatlantique et des Messageries Maritimes, dont les diverses lignes desservent l'Amérique atlantique, de New-York à Buénos-Aires, cargos sur les Etats-Unis, paquebots postaux et de passagers pour la mer des Antilles et les républiques latines. Le bassin à flot, formé de deux rectangles accolés en forme de T, est particulièrement affecté au mouvement des denrées d'Afrique, des poteaux de mine et des bois ; la hauteur d'eau utile y est maintenue au minimum de 7 m. 5o, à l'aide d'un réservoir d'alimentation, lorsque les marées n'y suffisent pas ; il est assorti de deux formes de radoub, dont la plus grande admet des navires de 14o mètres. Malheureusement, l'écluse d'accès ne livre accès qu'à des unités calant à peine plus de 6 mètres.

En Queyries, où l'on disposait de plus d'espace, en marge d'un quartier suburbain, l'outillage a pris, dès l'origine, une ampleur plus continue et des formes plus modernes. Le trafic et les instruments qui l'assurent ont été spécialisés. Autorisés par une loi du 2 août 1887, les appontements de Queyries, en maçonnerie et bois, ont été d'abord réduits au dessous du devis primitif, puis allongés à plusieurs reprises et d'après un type amélioré. Ils sont destinés à la manutention des charbons, arrivant presque exclusivement d'Angleterre, et des matières premières réclamées pour la fabrication des superphosphates ; la Compagnie d'Orléans, dont le terminus, à Bordeaux, est la gare de la La Bastide, possède en contiguïté des emplacements considérables, où l'installation d'un parc à charbon était indiquée ; elle fut donc immédiatement une cliente des choix pour les appontements de Queyries, elle n'a cessé depuis lors de s'intéresser à leur progrès. C'est un des sujets sur lesquels elle a poussé le plus avant ses conversations avec la Chambre de commerce, qui a participé pour une somme de plus de 5oo.ooo francs aux frais de ces ouvrages. Les grues en service sur les appontements de Queyries ont été choisies de manière à permettre le transfert direct de la marchandise lourde de la cale du navire sur le vagon ; les voies de chemin de fer ont été disposées en conséquence ; dans cette zone du port de Bordeaux, nous avons vu, pour la première fois, manœuvrer par les grues des bennes à vidange automatique, qui peuvent, en trois portées, charger de houille un vagon de 10 tonnes.

Les appontements de Pauillac

Ces améliorations progressives ont coïncidé avec la création, à Pauillac, d'un avant-port de Bordeaux et le développement, dans l'agglomération urbaine elle-même, de deux puissantes entreprises de constructions métalliques : chantiers de la Gironde, apparentés au Creusot, sur la rive droite ; Société Dyle et Bacalan, sur la rive gauche. Ces entreprises travaillant pour les marines françaises et étrangères, la première avait lancé avant la guerre plusieurs grands paquebots et des cuirassés de premier rang. Quant à Pauillac, doutant que le programme des travaux en Gironde, arrêté en 1880, fût longtemps suffisant, alors que les dimensions des paquebots augmentaient sans cesse, M. Eugène Pereire, président de la Compagnie Transatlantique, eut l'idée d'y construire des quais permanents et une grande gare avec entrepôts (1888-89) ; les vapeurs de grand tonnage seraient sûrs ainsi de pratiquer, en toute sécurité, leurs opérations à l'entrée et à la sortie, au lieu de procéder avec l'aide des gabarres, non sans pertes de temps, dépenses inutiles et parfois danger. Ce projet excita d'abord quelque méfiance à Bordeaux, où l'on ima-

ginait une ville naissant autour des appontements
futurs et accaparant, aux dépens de la métropole,
une large part des transactions du long cours. Il en
résulta que le projet de Pauillac fut diminué et les
appontements réduits à un service presque local, celui
des hauts-fourneaux, créés près de la rivière. Peut-
être ont-ils, d'ailleurs, contribué, en manière de
menace, à faire hâter l'approfondissement du chenal maritime jusqu'aux quais mêmes de Bordeaux.

Il est notable qu'une innovation aussi opportune
n'ait pas immédiatement rallié tous les concours
du commerce bordelais. Les appontements, conçus
d'abord comme un appareil annexe de ceux de Bordeaux, n'étaient plus qu'une concession particulière,
dont l'intérêt ne coïncidait pas nécessairement avec
les progrès du trafic général de la Gironde ; aussi
jugea-t-on devoir les racheter, pour les incorporer à
l'exploitation de Bordeaux, lorsque l'on définit, pour
l'ensemble de l'estuaire, un programme d'ensemble,
en 1910 ; sans doute aurait-il mieux valu en comprendre l'utilité vingt ans plus tôt. En 1907, Bordeaux organisa, sur la plus belle esplanade des
Quinconces, une Exposition universelle, particulièrement maritime ; à cette occasion, de nombreux
congrès furent réunis, presque tous accompagnés
d'excursions en Gironde ; il y vint des spécialistes des
grands travaux de port, dont la maîtrise était déjà
consacrée par des succès sur les côtes européennes,
africaines et américaines de l'Atlantique. Discussions et conférences, stands d'exposition et brochures
conspirèrent à démontrer que la Gironde, privilégiée
par la nature, commandait mieux que ce qu'on lui
avait attribué jusque là : d'accord avec l'ingénieur en

chef du service maritime, la Chambre de commerce décida d'ouvrir un concours pour l'exécution d'un programme, qui comprendrait approfondissement de la Gironde, depuis Bordeaux, création d'un avant-port d'escale, aménagement plus moderne des ouvrages existants ; les projets devaient être déposés avant le 15 octobre 1908, et le rapport, dégageant les conclusions adoptées, un mois plus tard.

Quelques chiffres sur le mouvement commercial.

Le mouvement de Bordeaux, à cette époque (1908), se chiffrait au commerce général par une importation de 2.150.000 tonnes et une exportation peu inférieure à 900.000 tonnes, ensemble plus de 3 millions. Les chiffres de 1907 avaient été sensiblement inférieurs à l'importation (1.960.000 tonnes) et supérieurs à l'exportation (940.000). Si l'on examine les détails qui constituent ces totaux, on relève qu'un petit nombre de produits composent, de beaucoup, la majorité du tonnage. L'article de grosse importation est la houille, qui représente plus de la moitié des entrées (près de 1.400.000 tonnes en 1908) ; viennent ensuite les bois et les phosphates. Le classement par valeur en argent ne correspond pas à celui des quantités en poids ; ainsi les laines passent avant la houille, les poissons secs avant les bois. Aux exportations, le tonnage qui prime est celui des bois, pour lesquels nous aimerions trouver, dans les statistiques officielles, une appellation spéciale, les différenciant des sortes importées ; Bordeaux fait venir du dehors des bois du Nord pour charpente et construction, et de l'Europe centrale ou des Etats-Unis des merrains, nécessaires à la tonnellerie ou à l'ameublement ; il expédie, principalement en Angleterre, des poteaux de mine, débités des pins des Landes. L'article essentiel des exportations, pour les valeurs, est le vin, 58 millions de francs, sur un total de 371, en 1908.

L'importation de la houille s'est beaucoup développée au début du XX⁰ siècle, moins du fait des progrès de l'industrie bordelaise proprement dite, que par l'installation d'un grand entrepôt de la Compagnie d'Orléans à Bordeaux. Les exploitants anglais de mines emploient de préférence, pour les boisages intérieurs, nos poteaux landais ; précisément Bordeaux est le port de sortie d'une grande partie de la région des Landes, qui déborde largement le département du même nom ; la descente des poteaux de mine sur la Gironde est aisée, par la concentration sur les quais de chargements transportés par les vagons du Midi, du Médoc et des Chemins de fer économiques ; ceux-ci, qui desservent les cantons forestiers de Villaudraut, Saint-Symphorien, Belin, possèdent en amont de Bordeaux la gare d'eau de Beautiran. Bayonne est un port intéressant aussi pour l'exportation des poteaux de mine, mais l'arrière-pays est moins vaste que celui de Bordeaux et, plus voisin des Pyrénées, a commencé plus tôt l'exploitation de la houille blanche ; il se prête donc, proportionnellement, à un moindre appel de houille britannique et, par conséquent, à de moindres expéditions de ce qui en constitue le meilleur fret de retour.

Par poissons secs, il faut entendre les morues du banc de Terre-Neuve ; elles sont importées « vertes » et transportées ainsi dans les magasins spéciaux qui avoisinent la ville ou dans ceux du Bas-Languedoc ;

elles en sortent sèches et propres à l'exportation. Celles qui partent de Bordeaux sont consommées aux Antilles, au Brésil et dans l'Afrique tropicale. Ainsi la même rubrique figure aux entrées et aux sorties, sans que les données officielles permettent de reconnaître qu'il s'agit d'un seul et même produit, transformé pendant son séjour en Gironde. Quant aux autres rubriques des statistiques douanières, nous nous bornerons à un petit nombre d'observations. Les vins sont, en quelque sorte, la monnaie par excellence des échanges bordelais ; le port en envoie dans le monde entier, soit pour l'agrément des tables de l'élite sociale de tous les pays, soit pour une consommation plus « bourgeoise », dans nos colonies et dans les régions de l'Europe septentrionale en particulier. Les négociants ont été amenés, pour assurer la sécurité de ces dernières sortes, à les couper, avant expédition par mer, avec des vins plus vigoureux et moins fins ; des polémiques se sont engagées là-dessus, très vives en Gironde même, entre « le commerce » et « la propriété » ; le coupage a été assimilé à une fraude, des campagnes acharnées ont été dirigées en vue de délimitations très strictes, de certificats d'origine formels... Nous doutons, quant à nous, que ces disputes domestiques aient servi au dehors les intérêts, pratiquement solidaires, de ceux qui cultivent la vigne en Gironde, et de ceux qui vendent le vin.

Parmi les articles importés qui étaient ouvrés à Bordeaux et soutenaient, par conséquent, une activité industrielle, les arachides du Sénégal méritent une mention spéciale ; auprès du bassin à flot, qui est l'abri préféré des paquebots ouest-africains de

Bordeaux, — propriété des maisons coloniales de la place, — une grande usine moderne a été construite ; d'autres se sont élevées sur d'autres points de la ville ou de la banlieue, pour le même objet : on y presse l'arachide pour fabriquer l'huile et les tourteaux. L'huile ainsi produite est excellente pour la consommation de bouche, nullement inférieure à la bonne huile d'olive, surtout pour les personnes qui n'aiment pas le goût de fruit ; les sortes moins fines sont très demandées pour la savonnerie, la droguerie, etc., toutes industries qui sont relativement récentes dans l'agglomération bordelaise. Aux arachides, les Africains de Bordeaux commençaient, il y a quinze ans, à joindre le sésame et les palmistes, à mesure que s'amplifiait fort au delà de l'ancien Sénégal notre empire ouest-africain. Ce fut aussi l'époque d'un essai pour fixer à Bordeaux un marché du caoutchouc ; par malheur, l'importation ne fut pas assortie des installations convenables pour attirer les courtiers internationaux, et l'industrie régionale n'était pas préparée pour acquérir les arrivages. De même, la laine argentine ne faisait que traverser Bordeaux, envoyée à Mazamet ou réexportée par mer sur nos tissages du Nord. Par contre, les pyrites d'Espagne et les phosphates d'Algérie-Tunisie étaient travaillés sur place dans des usines d'engrais chimiques.

Ainsi, à part quelques spécialités, le port de Bordeaux ne complétait pas alors sa vie commerciale par une vie industrielle correspondante. La cause en était-elle l'insuffisance des moyens du port? Nous ne le pensons pas, car tels que nous les avons décrits, ils étaient, en 1908, adaptés à un mouvement assez divers et assez consistant pour que la transformation de plusieurs produits importés fût possible autour du port. Mais l'esprit local n'y portait pas encore. Fait curieux, l'évolution toucha l'outillage des échanges, avant que la qualité intrinsèque des échanges fût elle-même modifiée. L'effort a tendu à rénover le port de Bordeaux, à lui ménager des accès meilleurs, des appareils domestiques plus modernes, alors que le commerce demeurait plus traditionnel que novateur. Nous oberverons même que le programme, élaboré depuis 1908, et qui porte la date de 1910, n'a pas posé tous les termes du problème ; il a prévu une Gironde plus aisément navigable, mais pas encore une solidarité effective de toutes les parties de l'estuaire et de l'arrière-pays. Il faudra les leçons de la guerre pour que soit franchi cet autre pas.

Le programme de 1910 : le port urbain, les quais, les bassins à flot, l'écluse de Grattequin ; l'avant-port du Verdon.

A la suite de l'ouverture du concours de 1908, plusieurs projets furent adressés au jury ; les conclusions retenues, assez promptement mises en forme, furent traduites législativement par la loi du 15 juillet 1910. Depuis 1903, on le sait, la déclaration d'utilité publique des grands travaux neufs était subordonnée, sur tout le territoire français, à la promesse d'un concours financier par les intéressés ; ce système avait l'avantage de stimuler les uns par les autres les services d'Etat et ceux des collectivités particulières ; il s'ensuivit parfois des rivalités personnelles, mais, dans l'ensemble, les avanttages dépassaient assurément les inconvénients. La transformation de la Gironde, en particulier, suscita la vive attention des meilleurs spécialistes en constructions et travaux hydrauliques ; parmi les signataires des projets présentés figurent la maison Hersent et la Société des Batignolles. L'opinion avait été frappée, au cours des années précédentes, de la rapide augmentation du tonnage des paquebots de haute mer ; l'idée dominante était donc, à Bordeaux, de creuser un chenal assez profond pour admettre ces paquebots dans le port urbain proprement dit, sauf à ouvrir, plus bas sur la rivière, un avant-port d'escale, attirant à l'embouchure de l'estuaire les bâtiments qui n'y pénétreraient pas très avant. L'approfondissement du chenal, prévu par les concurrents au bénéfice de diverses méthodes, fut ainsi la préoccupation principale ; en fait, sinon dans les intentions publiées, les autres améliorations passèrent au second rang.

Des résultats très notables ont été vite acquis dans cet ordre d'idées : le programme approuvé visait à tracer et consolider un chenal accessible par toutes mers jusqu'à Bordeaux, pour les navires calant 8 m. 5o, jusqu'à Pauillac, pour les tirants d'eau de 1o mètres. A cet effet, le travail fut organisé par une action concentrée de dragages et de pose d'épis ; un matériel spécial fut commandé, immédiatement mis en service, et l'on constata bien vite l'importance des progrès réalisés. En 1910, une escale en aval était encore obligatoire pour les grands courriers de l'Amérique du Sud et des Antilles ; voyageurs et bagages étaient transbordés, tant à l'aller qu'au retour, à la pointe de l'île Verte, où même plus bas. La Com-

pagnie des Chargeurs Réunis, pour la côte occidentale d'Afrique, s'arrêtait aux appontements de Pauillac, de là des trains spéciaux de la Compagnie du
Médoc amenaient les passagers à la gare Saint-Louis,
bloquée à l'extrémité nord de Bordeaux et nullement
aménagée pour les recevoir... Dès 1913, cette ano-
malie avait cessé ; progressivement, après des expériences d'abord circonspectes, les principales Compagnies maritimes reportaient leur tête de ligne à
Bordeaux même ; on vient dès lors s'embarquer directement au quai des Chartrons, pour le Maroc, Dakar,
le Congo, les Antilles et l'Amérique méridionale. Les
grandes unités de la Sud-Atlantique, substituée aux
Messageries Maritimes sur les lignes postales du Brésil
et de l'Argentine, peuvent mouiller à quelques pas
des Quinconces : le *Gallia*, le *Lutetia*, magnifiques
paquebots de 15.000 tonnes, tirant plus de 8 mètres,
accostaient sans difficulté en pleine ville. Le terme
assigné, 8 m. 50 de chenal permanent sur toute la
longueur de la Gironde, était bien près d'être atteint
à la veille de la guerre. Mais il est clair que l'entretien doit rester aussi vigilant que furent énergiques
les premiers travaux.

Le programme de 1910 prescrivait l'extension des
quais verticaux de la rive gauche, par transformation des cales inclinées et avancement des alignements en rivière. Ces travaux étaient d'autant plus
urgents que le mouvement du port prenait plus
d'extension. L'année 1913, à cet égard, fut brillante ;
elle accusa, sur l'année la plus forte de la décade
précédente, une augmentation de 800.000 tonneaux
de jauge et de 450.000 tonnes de marchandises ; par
rapport à 1912, année moyenne, ces augmentations

(Cliché Panajou)

Fig. 5. — Dans le port de Bordeaux : le premier bassin à flot.

étaient de 880.000 tonnaux et de 715.000 tonnes (1), la majoration, en dix ans, atteignit 65 % en jauge et 75 % en marchandises. Ajoutons que le tonnage moyen des navires augmentait aussi, pendant cette période, ainsi que le rapport de la jauge aux quantités de marchandises chargées, d'où meilleure utilisation des bâtiments en service. Pour un port, ces diverses nouveautés s'expriment d'abord par la nécessité d'accroître les moyens d'accostage. Bordeaux y a pourvu, puisque ses quais de grande navigation, fin 1913, mesuraient plus de 3 kilomètres et demi en rivière (2.500 sur la rive gauche), sans compter les 2.600 mètres des bassins à flot. Mais, sans doute, n'avait-on pas assez remarqué qu'à l'extension des quais doit correspondre celle des terre-pleins et des voies d'évacuation ; là est évidemment, et nous le verrons mieux tout à l'heure, une des lacunes du programme de 1910.

L'unique bassin à flot, dès les premières années du XXe siècle, ne suffisait plus ; l'extension en avait été décidée, en 1906. Le bassin n° 2 fut aussitôt attaqué, en prolongement du grand axe du bassin n° 1. Le concours de 1908 trouva les travaux en cours et n'eut qu'à en recommander la continuation. Toutefois, le devis original comportait un plan d'eau bien supérieur à celui dont on se contenta provisoirement. La raison en est que, simplement accolé au bassin n° 1, le deuxième était, lui aussi, tributaire de la médiocre écluse d'entrée, ouvrant sur le quai de Bacalan ; le bassin complémentaire ne fut donc qu'une annexe, avec un millier de mètres de quai

----

(1) Georges CLAVEL, *ouvrage cité*, p. 20.

maçonnés. Pour développer les darses à flot, il était indispensable de leur assurer un débouché moderne, sur l'aval de la rivière, en d'autres termes de reprendre et mener à bien un projet somnolent depuis une vingtaine d'années, celui du chenal et de l'écluse de Grattequina. En 1910, on était persuadé que, sous peine d'embouteiller irrémédiablement les bassins à flot et d'arrêter, par conséquent, le développement des quartiers ambiants, il fallait préalablement les relier au fleuve autrement que par une écluse insuffisante.

Voilà pourquoi le programme de 1910 a prononcé des précisions sur le devis de Grattequina : l'agrandissement des darses, — dont la première retouche donnerait 900 mètres de quais nouveaux, est subordonné à l'ouverture d'un canal, long de 7 kilomètres, qui débouquera dans la fosse de Grattequina ; la navigation de haute mer accèdera directement, par cette voie, aux bassins actuels et à ceux qui seraient, sans beaucoup de peine, évidés dans les terres marécageuses qui les avoisinent. L'écluse sera établie pour l'usage de très grands bâtiments, sur une longueur de 225 mètres et une largeur de 30 ; la profondeur utile du chenal artificiel ne sera jamais moindre de 8 m. 50. Dans la crainte que ces proportions mêmes seraient un jour trop faibles, on prévoyait l'emplacement nécessaire à une écluse, de dimensions encore supérieures, pour 10 mètres de tirant d'eau. Evidemment, ce projet est judicieux et séduisant : il agrandit le port de Bordeaux sur des terrains de peu de valeur, immédiatement contigus à la ville ; il facilite la montée de navires qui ne pourraient s'engager, sans des précautions minutieuses, dans la section de la Garonne, où des hauts-fonds, Bacalan et Cariette, soulignent sous les eaux le promontoire de Lormont ; il constitue, le long du canal, des réserves pratiquement indéfinies pour bassins nouveaux, terre-pleins de manutention et d'industrie.

La création d'un avant-port, accessible aux plus grands paquebots, est un autre chapitre du programme de 1910 ; la place en fut choisie au Verdon, c'est-à-dire à l'embouchure même de la Gironde : Pauillac, dont les appontements recevraient des navires tirant 10 mètres, ne parut point convenir pour cet objet ; à cinquante kilomètres de l'Océan, une escale représente, pour les courriers rapides, un déroutement trop considérable ; car on tenait à consolider Bordeaux comme port atlantique de l'Amérique du Centre et du Sud et l'on redoutait la concurrence de Lisbonne, place rattachée à Paris par un train rapide très confortable, le Sud-Express ; l'ouverture annoncée du Canal de Panama, — qui fut achevé, en effet, au printemps de 1914, surexcitait ces inquiétudes ; on voulait, à Bordeaux, devancer tous les autres ports du continent pour profiter de cette aubaine. Sans prétendre installer au Verdon un centre maritime considérable, on y prévoyait l'établissement de deux postes, trois au plus, pour paquebots pouvant tirer jusqu'à 12 mètres ; il semblait inutile d'étendre ces ouvrages, puisque le séjour de ces trains de luxe de l'Océan ne serait jamais très long ; le Verdon serait une rade abritée, avec une surface d'eau profonde appropriée aux manœuvres des paquebots géants et, bien entendu, une gare correspondante rattachée au réseau des chemins de fer du Médoc.

Le rachat de Pauillac.
Les travaux de la rive droite (Queyries).

A l'appui de cette conception, et pour unifier l'exploitation maritime de tout l'estuaire girondin, la Chambre de commerce décida de racheter les appontements de Pauillac ; elle en dirigerait elle-même l'administration. Les formalités préliminaires ont été longues ; le rachat, indiqué dans la loi du 15 juillet 1910, n'a été réalisé que par un décret du 25 avril 1914, aux termes duquel les appontements sont désormais ouverts au service public, avec concession de l'outillage à la Chambre de commerce de Bordeaux. Après vingt-cinq ans écoulés, on en revenait ainsi à la pensée originale de M. Eugène Pereire. Quatre jours avant l'apparition du décret relatif à Pauillac, le 21 avril 1914, une loi enregistrait l'offre de la Chambre de commerce d'assumer tous les frais de la construction et de l'exploitation de l'avant-port du Verdon, sauf à se couvrir partiellement par des contributions du département de la Gironde, ainsi que des Compagnies du Midi et d'Orléans. La résolution de la Chambre ne manquait pas de hardiesse, surtout si l'on se rappelle que, pour l'ensemble des travaux prévus en 1910, le Verdon mis à part, soit 116 millions et demi, cette assemblée s'était portée forte pour près de 40 millions.

Echelonnée sur une période calme d'une dizaine d'années, l'exécution d'un tel plan était chose normale ; ni les proportions des ouvrages à entreprendre, ni les frais probables n'excédaient les facultés des divers services et budgets appelés à collaborer.

Nul ne songerait à faire grief aux auteurs du projet
de 1910 de ce qu'ils n'ont pas prévu la guerre ; des
hommes politiques avaient assuré que l'ère des
grands conflits armés était close et taxaient d'aven-
ture militariste toute législation tendant à renforcer
notre défense nationale ; lorsque cependant la guerre
eut éclaté, des économistes avertis en fixaient le
terme extrême à l'été de 1915, par épuisement des
provisions des belligérants. L'événement a cruelle-
ment démontré comment ces certitudes auraient dû
se classer plus modestement au rang des hypothèses.
Cependant le programme de 1910 commande deux
observations, l'une qu'il a porté tout son effort sur
la seule rive gauche de la Gironde, l'autre qu'il a
placé en première ligne l'agrandissement des bassins
à flot, pratiquement commandés par le plus long et
le plus coûteux des ouvrages de tout le programme,
l'écluse de Grattequina.

De l'examen des divers projets présentés au concours, ou adressés au jury en dehors du concours,
des indications développées par certains mémoires
antérieurs, il eût été possible, croyons-nous, de retenir des conclusions complémentaires de celles auxquelles on s'est exclusivement arrêté. MM. Hersent
proposaient d'attaquer la réfection des bassins à flot
par l'agrandissement de l'écluse. d'accès sur la
Garonne ; leur plan était compris de manière à ne
pas arrêter le service du bassin à flot existant pendant ces travaux ; de plus, au droit de la fosse de
Grattequina, c'est-à-dire au terminus du futur canal,
ils auraient immédiatement fondé des quais en eau
profonde, reliés à la ville par une large chaussée avec
tramway ; ils recommandaient aussi la spécialisation

(Cliché Pierre Barreau)

Fig. 6. — Dans le port de Bordeaux : déchargeurs et silos à charbon du quai de Queyries.

des divers organismes du port. Un autre auteur, qui a voulu garder l'anonymat, insistait sur les services à attendre de la rive droite, tant dans la ville même qu'en aval de Lormont, devant Bassens, où la berge est bordée d'une fosse, au-dessous du seuil de Cariette. Des discussions acharnées s'engagèrent autour des projets de Bassens, qui furent finalement écartés. Grattequina constituait déjà un effort tel qu'on ne jugea pas devoir compliquer les travaux ; il est juste de rappeler qu'un très éminent spécialiste de l'hydraulique fluviale, M. Fargue, inspecteur général des Ponts et Chaussées, avait exposé, dès 1883, le programme de Grattequina, sans pouvoir vaincre les ironies et les timidités des dirigeants d'alors. Bassens, en 1910, était frappé par un ostracisme analogue, — et pas plus clairvoyant.

Préparatoire seulement pour l'extension des bassins à flot, la période 1910-1914 fut heureusement employée, nous l'avons dit, pour les travaux immédiatement praticables du dragage en rivière. On doit signaler, à ce même moment, la construction sur le quai de Queyries d'appareils extrêmement remarquables pour le chargement des charbons et minerais, ainsi que l'absorption des chemins de fer du Médoc par la Compagnie du Midi, puis le premier dessin d'une liaison moderne par voie ferrée, entre la gare Saint-Jean de Bordeaux et l'aval de la rivière. En Queyries, où la clientèle de la Compagnie d'Orléans promettait un avenir sûr, le déchargement des vapeurs charbonniers est opéré par des bennes automatiques, se vidant, soit dans des silos de 5.000 mètres cubes, soit directement dans les vagons. Le parc à charbon de la Compagnie d'Orléans et plu-

sieurs usines du voisinage communiquent avec les
silos par des transporteurs aériens ; toutes les commandes sont mues à l'électricité. Dès avant la guerre,
cet ensemble attirait justement l'attention des con-
naisseurs ; il était combiné pour débiter normalement
400 tonnes de charbon par heure. Sa valeur tient
pour partie, sans doute, à ce qu'il est disposé sur
une large esplanade, où la place ne lui est pas dis-
putée par des habitations.

Le rachat des chemins de fer du Médoc
et la ligne de Ceinture.

Le rachat des Chemins de fer du Médoc par la Compagnie du Midi (loi du 1ᵉʳ décembre 1911), devait
déterminer cette dernière à prolonger, sans solution
de continuité, ses grands courants de transport vers
le cours inférieur de la rivière. Une innovation
depuis longtemps réclamée, devenait dès lors plus
facile, la jonction du Médoc et des lignes principales
du Midi par une « ligne de Ceinture », tournant
autour de l'agglomération urbaine et dégageant
l'incommode « voie des quais ». Jusque-là, la gare
Saint-Louis, terminus du réseau du Médoc, ne pouvait vraiment se prêter qu'à un trafic tout local ; le
plus grand Bordeaux se devait de la transformer à sa
mesure. Un accord fut donc conclu entre la Compagnie du Midi, la Chambre de commerce, la
Ville de Bordeaux et le Conseil général de la Gironde,
pour partager les frais des expropriations et des travaux. L'acquisition des terrains fut commencée en
1912 ; presque arrêtée au début de la guerre, l'entre-

prise a été vivement poussée ensuite, en raison même des besoins militaires ; le 10 novembre 1917, la voie était ouverte à une circulation provisoire. Dès avant le rachat du Médoc, une loi (5 avril 1910) avait autorisé la perception de droits spéciaux dans toutes les gares de Bordeaux rive gauche, pour couvrir les charges de la contribution souscrite par les corps intéressés.

Rappelons enfin que l'outillage intérieur du port avait été renforcé : substitution de grues hydrauliques ou électriques aux anciens appareils à vapeur, acquisition de matériel plus moderne de remorquage, affermissement des corps morts par mouillage en rivière, éclairage électrique des quais, balisage et éclairage du chenal navigable, où la circulation était devenue aussi facile la nuit que le jour, installation sur le bassin à flot d'un chargeur à pont roulant pour les poteaux de mine, agrandissement et multiplication des magasins et entrepôts, construction, attaquée peu avant la guerre, d'un pont à transbordeur, devant réunir les quartiers du Nord avec Queyries et sa banlieue industrielle. Des initiatives particulières s'affirmaient ainsi à côté de celles des pouvoirs publics et des corps locaux. Le mouvement était, en somme, bien donné ; l'on put saluer comme un symbole heureux, en 1914, que le premier paquebot sous pavillon français qui franchit le canal de Panama appartenait à un armateur bordelais. La guerre est alors survenue ; elle a immédiatement paralysé les activités économiques, à Bordeaux comme ailleurs. Mais elle a, d'autre part, imposé à la Gironde une telle surexcitation de ses facultés, qu'elle a déterminé, pour les travaux du port, une hiérarchie d'urgence, brisé des résistances, élargi des horizons. Nous touchons, de toute évidence, à l'aube d'un jour nouveau.

———

CHAPITRE V

LE PORT PENDANT LA GUERRE

Les afflux extraordinaires
et l'embouteillage des premiers mois.

Métropole maritime sur l'Atlantique, la plus éloignée du front de bataille, Bordeaux devait être, pendant la guerre, le foyer d'un mouvement aussi puissant qu'inédit. Il a, naturellement, conservé toutes ses anciennes relations maritimes, moins celles de la Baltique ; il a dû, de plus, en assurer beaucoup d'autres. Le Havre était, en 1914, le point de départ de nos grands paquebots à passagers sur New-York ; à proximité de Paris, avec des bassins dont l'agrandissement était prévu, mais dont on pouvait se contenter encore, et des trains arrivant directement de la gare de Paris-Saint-Lazare au bord des quais d'embarquement, il retenait la majeure partie du trafic des passagers de cabine entre la France et les Etats-Unis. Ce courant s'est trouvé coupé, surtout depuis que les sous-marins allemands infestèrent la Manche et que tous services réguliers furent obligatoirement suspendus au départ de notre littoral du

Nord. Il y avait cependant beaucoup de voyageurs
à rapatrier de l'Amérique du Nord en Europe, mobilisés des nations alliées, dont des Italiens, par milliers.
Les mobilisés français arrivaient en plus grand
nombre de l'Amérique Latine, déjà tributaire de
Bordeaux, de sorte qu'il n'y eut pas une innovation
absolue de ce côté. D'autre part, des travailleurs exotiques furent amenés en France d'Afrique et d'Extrême-Orient ; Bordeaux ayant, par son développement
exceptionnel, besoin d'un important renfort de main-
d'œuvre, en a reçu plusieurs convois. Enfin, quand
les Etats-Unis entrèrent dans la guerre, l'estuaire de
la Gironde fut, avec celui de la Loire, l'accès principal
de leurs troupes sur le vieux continent.

Rien qu'en personnel, par conséquent — et nous
nous bornons à énumérer des têtes de chapitres, —
Bordeaux eut à faire face à des arrivages extraordinaires, auxquels rien ne l'avait préparé ; ces débar-
quements supposaient, pour certains éléments, une
organisation de passage seulement, pour d'autres une
organisation de résidence ; d'où nécessité d'une foule
d'installations, improvisées au jour le jour, et qui ont
poussé, on dirait volontiers au petit bonheur, autour
des ouvrages du port. La complication était d'autant
plus grande que le mouvement se développait dans un
sens unique, à l'importation, et qu'il n'était pas d'origine maritime exclusivement ; l'aménagement de
nombreuses usines de guerre attirait des ouvriers de
divers pays d'Europe non atteints directement par
les hostilités, des Espagnols notamment. Ainsi,
malgré le départ des mobilisés français de l'avant,
la population agglomérée augmentait tous les jours.
Une première crise du logement souligna la présence

à Bordeaux, de septembre à décembre 1914, du gouvernement et d'une partie des services publics nationaux ; ensuite, après une accalmie brève, une seconde crise éclata, qui n'est pas résolue encore, deux ans après l'armistice. On s'aperçoit alors qu'il y a coïncidence, dans une ville maritime comme Bordeaux, entre l'activité du port et les conditions de vie domestique de la population ; les questions sociales s'avèrent inséparables des questions économiques.

Plus déconcertant que celui des hommes fut, en Gironde, le mouvement des marchandises en provenance des régions qui n'avaient pas accoutumé de prendre leur contact ordinaire avec la France à Bordeaux. Au début, ce furent des stocks inusités des denrées auxquelles le port était habitué, mais qu'il devait désormais entreposer en grand, sans en avoir l'écoulement progressif des temps normaux, rhums et sucres des Antilles, laines et cuirs de la Plata, oléagineux d'Afrique, etc... La guerre se prolongeant, Bordeaux fut désigné pour recevoir bien d'autres cargaisons d'outre-mer ; il lui vint des pétroles, des charbons, des tonnes de viande frigorifiée, des milliers de chevaux de la pampa argentine et du Canada, des machines et du matériel en tous genres. Débarquer tous ces chargements n'était que le premier des problèmes ; classer les arrivages, les réexpédier en étaient d'autres, non moins préoccupants. Bientôt, il fallut aussi s'inquiéter de défendre l'embouchure de la Gironde contre les pirates sous-marins, dont l'audace était servie par des complicités étrangères sur certains points des côtes cantabriques ; de là, sur les bâtiments eux-mêmes, des aménagements dont quelques-uns étaient complétés au mouillage, pose de la télégraphie sans fil, peinture en camouflage des coques ; cause nouvelle d'encombrement, de travail fébrile et mal ordonné dans le port.

Bien plus, le blocus effectif des empires centraux coupait les voies ordinaires du ravitaillement de toute l'Europe alpestre. L'Italie, belligérante, ne recevait plus de charbon germanique. La Suisse, neutre, devait subir un constant chantage de ses voisins allemands pour des fournitures réduites de houille et s'adresser aux alliés pour nombre d'autres importations indispensables, alimentaires ou industrielles. La circulation par terre, au départ de la Gironde, s'est dès lors déployée sur des itinéraires tout à fait imprévus. Les trains de marchandises Bordeaux-Genève, que n'avaient pu obtenir auparavant des campagnes d'intelligente prévoyance, sont entrés dans les formules courantes de l'exploitation des Compagnies d'Orléans et P. L. M. Certes ce n'étaient pas des convois rapides, mais des vagons roulaient de bout en bout, par convois lourds, sur des voies où l'on hésitait à les engager jusque-là. Les Suisses ont reçu ainsi, par Bordeaux, du charbon britannique, des oléagineux, des viandes frigorifiées, du cacao et du sucre pour leur délicate industrie nationale du chocolat. L'Italie du Nord fut souvent servie sur les mêmes itinéraires, car la guerre sous-marine, détournant les affréteurs du détroit de Gibraltar, a déversé sur les ports de l'Atlantique des chargements pour lesquels on cherchait avant tout le trajet océanique le plus court.

Jusque vers le milieu de 1915, les services du port de Bordeaux furent littéralement submergés ; à Bacalan, les magasins de la Compagnie Transatlantique entassaient par montagnes les envois des

Etats-Unis pour la Croix-Rouge française, généreuse préface à l'intervention militaire. Les quais du port fluvial, proche la gare du Midi, étaient en septembre 1914, le camp de passage des tirailleurs marocains, on y vit ensuite des parcs à bestiaux, des greniers à foin, des dépôts de pièces métalliques, plus tard des bureaux militaires américains. Sur l'esplanade des Quinconces, ce fut d'abord, à ciel ouvert un prodigieux cellier de vin et de rhums, puis une station d'automobiles, enfin et toujours des bureaux américains. La circulation à travers la ville, entre le port et les gares d'évacuation, de telles quantités, sans cesse accrues, était l'occasion permanente d'encombrements, voire de disputes entre des services ignorants les uns des autres ; l'unique voie des quais n'écoulait qu'une faible partie des marchandises débarquées, tous les hangars et magasins du port avaient été déclassés au hasard des arrivages... On n'eût pas, alors, manqué de combustible minéral pour des automobiles qui auraient soulagé la voie ferrée, mais c'étaient les châssis qui faisaient défaut.

L'arrivée des Américains

Que l'ordre soit peu à peu sorti de ce chaos est un succès tout à l'honneur d'un éminent fonctionnaire, qui a concentré dans ses mains, l'une après l'autre, toutes les directions des services intérieurs du port, M. Georges Clavel, inspecteur général des Ponts et Chaussées. Grâce à sa vigueur méthodique, à laquelle firent justement confiance les autorités de la Ville et de la Chambre de commerce, les quais furent progressivement déblayés, chacun affecté à des besoins particuliers ; ils furent aussi mieux gardés, ce qui n'était pas indifférent au milieu d'une population incessamment grossie d'apports exotiques. Bordeaux fut prêt, de la sorte, pour l'arrivée des Américains, qui devaient transformer, non sans brutalité parfois, plusieurs des traditions de l'exploitation de la Gironde. A ces alliés, pleins d'une ardeur juvénile, habitués aux espaces sans clôtures du nouveau continent, notre vie administrative et sociale parut lourde de stériles préjugés ; pour leurs camps et pour leurs magasins, ils se mirent d'emblée à tailler en pionniers. Peu ménagers de l'argent et de l'effort humain, ils apportèrent chez nous des procédés de réalisation rapide, mais coûteuse. Rendons-leur la justice qu'ils ont vite compris l'opportunité d'adapter leur fougue à des méthodes dont toutes les précautions ne sont pas des routines ; nous leur devons moins dans les applications de détail que dans les indications d'un coup d'œil d'ensemble hardi et sûr, celui du découvreur.

En Gironde, ils ont aperçu tout de suite où il convenait d'intaller de grands services nouveaux, hors de l'agglomération urbaine et à portée immédiate des contacts maritimes, à Bassens et à Pauillac ; **un poste** d'accostage est un outil incomplet, s'il n'est contigu à de larges dégagements. Il n'est pas douteux que cette notion moderne de la ville, et surtout d'une ville régionale telle que Bordeaux, se soit dégagée au cours et du fait de la guerre. Même si les quais actuels de la rive gauche sont avancés en rivière, ainsi que le prévoit le programme de 1910, ils ne laisseront jamais place aux chaussées, aux esplanades que commande la manutention des marchandises par quantités massives, comme les ports en reçoivent aujourd'hui. Une voie des quais est, entre les docks d'un port, un lien intérieur, mais non pas l'amorce d'une route pour concentration et distribution des marchandises générales ; on soutiendrait sans paradoxe qu'elle n'est pas beaucoup autre chose qu'une voie de tramway, appelée à desservir des besoins de quartiers, ou, le cas échéant, à conduire des trains de passagers devant les paquebots. On est ainsi conduit à prévoir que le mouvement maritime, qui ne sera pas à destination ou en provenance de l'agglomération bordelaise proprement urbaine, devra emprunter d'autres voies et s'appuyer sur des établissements de quais excentriques à la cité. Si l'on y regarde de près, on reconnaîtra que la sécurité des habitants et des marchandises entreposées, la propreté de la voirie, l'hygiène, sont liées à l'accomplissement de ce progrès. On se félicitera sans réserves qu'il soit précisément en cours à Bordeaux.

Consultons, en effet, l'expérience de M. Georges Clavel, qui fut si précieuse pendant les récentes années critiques (1). L'effet utile des travaux engagés ou prévus, d'après le programme de 1910, n'aurait pas été sensible immédiatement, même en période normale ; les nouveaux bassins ne seraient entrés en service qu'après achèvement du canal et de l'écluse ; le rempiètement des anciens quais eût déterminé une immobilisation provisoire, « incompatible avec le trafic déjà acquis ». La guerre intervenant, il était indiqué de « recourir à une solution d'attente, pour satisfaire aux besoins du présent et à ceux de l'avenir immédiat. » C'est ce qui fut fait, tant pour Bordeaux même que pour ses annexes, enfin déclarées solidaires du port principal, Bassens, Blaye, Pauillac. Tandis qu'on se

(1) *Ouvrage cité*, p. 22.

bornait, quant à l'extension des bassins à flot, à continuer les expropriations commencées quelques mois avant la guerre, on allongeait rapidement les quais en service, tant à droite qu'à gauche du fleuve ; on construisait des estacades supplémentaires pour gabarres, en Queyries et à Bacalan ; on disposait des abris pour marchandises sur la rive gauche, soit par des constructions, soit par reprise de locaux d'abord occupés par des administrations militaires. Enfin, on poursuivait sans interruption les dragages en rivière : plus de 1.800.000 francs furent dépensés pour ce seul objet pendant l'année 1919.

Le service intérieur du port fut notablement amélioré, au point que, au moment où fut signé l'armistice, il réduisait au minimum, dans une rivière encombrée, les pertes de temps imposées aux navires ; le rapatriement des troupes américaines, pendant les mois qui suivirent, n'a pas ainsi pris au dépourvu des services, bien en mains des directeurs. Les Compagnies d'Orléans et du Midi retouchaient leurs lignes des quais, en raccordant des tronçons de voies ou corrigeant des courbes, là où l'espace le permettait, mais sans se dissimuler que ces ouvrages gardaient un caractère provisoire ; la Transatlantique, les Chargeurs Réunis appropriaient sommairement leurs magasins des quais au classement des marchandises, puis, la guerre terminée, à la réception des voyageurs. Des remorqueurs étaient commandés sur place, à la Société Dyle et Bacalan, tant pour les manœuvres des gros navires que pour le dragage du port ; des marchés étaient passés pour les bouées, corps morts et chaînes. L'avant-port fluvial, si longtemps négligé, figurait sur les devis de travaux urgents, parce que

l'on voyait des usines s'élever des deux côtés de la
Garonne, aux portes de Bordeaux, à Bègles et à la
Souys ; une vingtaine de chalands neufs devaient
faciliter la manutention à bord des navires mouillés
au milieu du fleuve ; on reparlait du décret du
20 juin 1906, qui avait prescrit l'approfondissement à
2 mètres sous basses eaux du chenal amont jusqu'à
l'écluse terminale du canal latéral, à Castets.

Si, pour l'arrière-port fluvial, on n'est guère sorti
encore de l'âge des intentions, il a été fait beaucoup
ainsi, sans grands ouvrages, mais avec le souci de
raccorder dans un cadre unique tous les remaniements
de détail, dans le port maritime urbain. Le tonnage
de jauge, en 1918, dépassa le chiffre record de
8 millions de tonneaux, pour l'ensemble de la
Gironde, alors que 1913 avait accusé un peu plus de
7 millions ; le chargement des navires, ainsi que nous
l'avons déjà observé, laissait alors peu de tonnage
disponible ; à l'importation, les marchandises relevant
du commerce général ou spécial se présentaient en
quantités proportionnellement supérieures à celles
d'avant-guerre ; il n'a été pourvu à leur circulation
que par un constant surmenage du matériel roulant
vagons et locomotives, — fait commun à toute la
France, voire à tous les belligérants, et qui enferme
une des causes de la crise subséquente des transports.
En 1918, avec beaucoup de peine, en limitant d'ordinaire le travail aux heures de nuit, pendant lesquelles
le mouvement des piétons et des voitures est suspendu,
le Midi a fait passer sur ses rails, le long des quais
et du bassin à flot, 573.000 tonnes à l'arrivée et
475.000 au départ ; il faut ajouter à ces nombres, pour
la rive gauche, 105.000 tonnes, contingent de l'ancien

réseau du Médoc et de celui des Chemins de fer économiques de la Gironde. Sur la rive droite, la gare maritime de l'Orléans, à La Bastide, accusait, en 1918, un total de 103.000 tonnes, tandis que les ouvrages de Queyries voyaient passer 1.742.000 tonnes. Le rapprochement de ces chiffres dégage clairement la valeur éminente, pour l'ensemble des ports girondins, des établissements déjà suburbains de Queyries.

Les « travaux d'attente » dans le port urbain et en rivière. Les appontements et l'outillage industriel de Bassens.

La même observation ressort de l'examen des ports annexes, que les événements de guerre ont si complètement transformés, en aval de Bordeaux. La place manquant en ville, la « solution d'attente » consistait à utiliser les berges de Bassens, à 4 kilomètres des chantiers de la Gironde et du terminus du tramway qui unit Bordeaux-Bastide à Lormont. En arrière de la rive, où peuvent accoster des navires calant 7 mètres à 7 m. 50, l'Etat possède de vastes alluvions qui se prêtent admirablement et économiquement à l'installation de terre-pleins, hangars, entrepôts et voies ferrées ; le raccord est aisé avec la grande ligne, toute voisine, de la Compagnie d'Orléans. Au début de la guerre, en 1915, l'Etat français dut assurer le magasinage d'immenses approvisionnements, de grains surtout, que les nécessités militaires faisaient diriger sur Bordeaux ; il décida d'ouvrir immédiatement des travaux d'appontement à Bassens ; la direction en fut confiée à M. l'ingénieur Georges Clavel ; en quelques mois, 900 mètres de quais en bois étaient sortis de l'eau, solidement fondés sur pilotis et rapidement équipés en voies ferrées et appareils de levage. Plus tard, Bassens a pris sa rapide extension du fait de l'armée américaine et doit, en fait, beaucoup aux Américains. Mais il est utile de rappeler que les initiateurs de sa fortune ont été des Français.

Le Bassens de 1915, ou vieux Bassens, est contigu à la commune de Lormont. Les Américains se sont installés un peu plus bas, à proximité de la poudrerie qui fut, pendant toutes les hostilités, une de nos plus actives usines de guerre ; ces appontements seraient aisément étendus à l'aval. En somme, depuis l'endroit où la falaise de Lormont s'écarte du fleuve, jusqu'à celui où les fonds remontent au-dessus de l'épaisseur d'eau convenable, on compte au moins 3 kilomètres de berge dont l'aménagement, en bordure d'une plaine rase, permet une extension facile et précieuse au port de Bordeaux. Des travaux considérables, tant français qu'américains, ont été menés à bien le long du fleuve ; après le départ des Américains, des établissements français, adaptation ou agrandissement des bâtisses de la guerre, ont été commencés et se développent rapidement ; c'est une annexe à la fois industrielle et maritime de Bordeaux qui grandit sous nos yeux. Ne nous arrêtons pas à la première impression actuelle, qui est celle d'un chantier, mal ordonné, où des matériaux à l'abandon font tort aux constructions qui s'élèvent ; nous ne sommes pas sortis encore de la liquidation laborieuse des « stocks américains », mais un avenir prochain d'activité régulière est, ici, déjà clairement dessiné.

Bassens fluvial n'est pas encore relié à Lormont ; cette jonction serait pourtant nécessaire et probable-

(Cliché Pierre Barreau)

Fig. 7. — Bassens : Les nouveaux appontements.

ment possible par quelques centaines de mètres d'une voûte en encorbellement, enroulée à la base du promontoire qui plonge dans la rivière ; de toutes manières, il faudra corriger l'accès actuel de Bassens par Bordeaux, car une route unique et peu large, défoncée par des camions automobiles et sans liaison directe avec les appontements du Bassens français, est absolument insuffisante. La diversité des méthodes américaines et françaises apparaît entre les deux sections des ouvrages ; dans la partie française, les pilotis ont été fondés avec des bois plus choisis et plus lentement enfoncés ; dans la partie américaine, le travail a été mené plus vite et comportera plus tôt, à ce que l'on peut conjecturer dès maintenant, des renforcements en sous-œuvre, mais, d'un côté comme de l'autre, l'effort utile de la guerre put être donné à temps. Les Américains ont laissé des dépôts d'approvisionnements de tous genres, matériel de chemin de fer, automobiles, etc..., et des appontements largement outillés. Tandis que les Français n'avaient à leur service que des grues hydrauliques, les Américains ont immédiatement dressé à Bassens des portiques à manœuvre électrique, desservant à volonté deux voies ferrées intérieures, une extérieure et des magasins en bordure ; toutes ces voies étaient reliées à la grande ligne de l'Orléans. C'est une fort belle organisation qu'il y a lieu d'approprier aujourd'hui aux tâches de la paix.

La Chambre de commerce de Bordeaux a pris en gérance l'administration de ce que l'on peut appeler le Bassens de guerre ; elle est en pourparlers avec la Compagnie d'Orléans et plusieurs sociétés particulières pour définir un régime pratique d'exploitation. Au début de 1921, les stocks américains ne sont pas entièrement déblayés, mais, au droit de Bassens français, des parcs à charbon sont constitués pour le ravitaillement des Compagnies de grande navigation qui fréquentent la Gironde. Bassens américain est en cours de prolongement, vers l'aval, par des appontements neufs, spécialement construits pour la manutation des céréales et du charbon. Des bâtiments en ciment armé, dont un élévateur à grains, de type américain, sont en construction, pourvus des appareils les plus modernes, aspirateurs, bandes transporteuses, etc..., le tout mû à l'électricité, au départ d'une centrale particulière presque achevée, forte de 1.200 chevaux ; des voies ferrées, rattachées à l'Orléans, circulent dans tous ces bâtiments. Autour des magasins à céréales et charbon, des usines sont établies, huilerie, savonnerie, briqueterie, et Bassens en possédait déjà d'autres, créées pendant ou même un peu avant la guerre. Un des projets les plus intéressants est la reprise de l'entrepôt frigorifique laissé par les Américains, pour un service d'abattoirs industriels auxquels, certes, la place ne manquerait pas ; l'utilisation de la poudrerie est difficile, car si le terrain en est vaste et les bâtiments soignés, l'outillage en avait été réglé sur des besoins très particuliers et heureusement périmés. Peut-être avec quelques travaux pour assainissement du sol, qui est un peu bas, pourrait-on en faire la cité ouvrière du prochain Bassens, annexe de Bordeaux.

Les innovations acquises ou en cours à Blaye,
à Libourne, à Pauillac, au Verdon.

Avant longtemps, par conséquent, 25 à 3o navires pourront ainsi s'aligner simultanément à Bassens, devant des quais offrant toutes facilités aux opérations très rapides : on sait combien l'économie de temps, dans les ports, est un élément capital pour le calcul des frets et réagit, de proche en proche, sur le prix de la vie. Il valait donc la peine d'insister avec quelque détail sur ce quartier neuf du plus grand Bordeaux. Nous constatons des progrès analogues, accomplis ou amorcés, à Blaye et le long de la rive droite de la Dordogne inférieure. A Blaye, des appontements en bois, pour deux postes d'amarrage, ont été construits pendant la guerre (1915-1916) ; on a d'abord consolidé la berge, sommairement, par un remblayage de pierres, puis on a fondé des pilotis au delà, mais sans oser draguer profondément, de crainte que la disparition de la vase ne fît couler le remblai empierré. L'ouvrage n'est donc pas achevé, l'accostage est délicat et les navires, mouillés pendant le flot, reposent sur le fond à marée basse ; tels quels, ces appontements ont permis de former en arrière, sur le sol ferme, un parc à charbon, indispensable pour le réseau des chemins de fer de l'Etat ; huit grues à vapeur, pour 2 à 3.000 kilos, opèrent les déchargements. Avec quelques retouches et compléments, ce petit port charbonnier, bien spécialisé, constituera une annexe intéressante de Bordeaux ; dès aujourd'hui, la comparaison est instructive entre ses appareils modernes et les grues à main de l'*estey* proche, où des gabarres à voile, asséchées au descendant, embar-

quent des vins, des fûts, des briques, des légumes, des
colis domestiques pour les petites escales entre le
Bec d'Ambès et Bordeaux.

Blaye possède aussi des estacades particulières pour
les vapeurs pétroliers ; deux usines, pour réception
du pétrole et distillation du goudron donnent un
caractère industriel à son faubourg méridional. A
12 kilomètres en amont, sur la commune de Gauriac,
l'usine de Furt, pour raffinage du pétrole, envoie le
combustible liquide, par une canalisation spéciale,
dans des réservoirs que dessert la gare de Roque-de-
Thau ; en général, les navires pétroliers montent
d'abord à Furt, où ils déposent une partie de leur chargement ; ainsi allégés, ils descendent sur Blaye, où les
profondeurs sont moindres, au droit des postes qui
leur sont réservés. Ainsi la berge septentrionale du
fleuve, au voisinage du Bec d'Ambès, a fixé ce que
l'on appellerait un quartier pétrolier de la Gironde ;
il conviendra de faciliter la distribution dans la région
urbaine, qui n'est possible actuellement que par trans-
bordement sur fer ou sur chalands. En amont de
Bordeaux, des dépôts de pétrole sont établis sur les
deux rives du fleuve, à Bègles et à Floirac ; ici la difficulté n'est plus de distribuer, mais d'apporter directement le pétrole d'outre-mer au delà des ponts qui
coupent le fleuve ; des essais curieux ont été tentés avec
des chalands métalliques, chargés de pétrole de Galicie
pris à Hambourg. Le ravitaillement pétrolier par la
Gironde n'a pas encore trouvé la formule économique
que souhaitent les consommateurs.

La navigation fluviale préoccupe les riverains de la
basse Dordogne ; Gauriac a conservé l'industrie des
chalands en bois ; à Bourg, un chantier nouveau

construit pour l'Etat de grands chalands en ciment armé, longs de 60 mètres, pouvant porter 1.000 à 1.200 tonnes. Les expériences de remorquage en haute mer ne sont pas assez décisives pour que l'usage de tels bâtiments soit normal encore hors de la Gironde, mais dans l'estuaire même, et pour lier la navigation maritime à la navigation fluviale, pour faciliter des opérations rapides, par les deux bords à la fois, aux navires mouillés dans le chenal, il importe de ne s'en plus tenir aux modestes gabarres d'antan ; la Gironde a dès maintenant, des ateliers au travail pour la fourniture de ce matériel spécial. En liaison avec ce renforcement de la batellerie, se présentent les travaux commencés ou projetés à Libourne. Cette place de commerce, qui a son rôle à jouer dans la Gironde, reçoit actuellement, par chalands ou gabarres de 100 tonnes, des denrées coloniales débarquées à Bordeaux ; elle est une étape de la navigation intérieure sur l'Isle jusqu'à Laubardemont, sur la Dordogne jusqu'à Bergerac ; elle possède une association prospère et progressiste de gabarriers. Il faudrait à Libourne un petit port maritime, avec rétablissement du service de douane malencontreusement supprimé naguère ; un poste d'amarrage, au droit d'un appontement en bois, est présentement en construction ; il ne sera vraiment utile que s'il est relié au réseau ferré, soit environ 1.500 mètres de rails à poser, sur un tracé non encore arrêté. Un tel raccordement soulagerait sensiblement le port de Bordeaux, surtout lorsque sera terminée la voie ferrée de Libourne à Langon.

Sur la rive gauche de la Gironde, Pauillac, naguère délaissé, s'est ranimé pendant la guerre ; la Compagnie du Midi a résolu d'en faire son port charbonnier et

les Américains y ont établi l'une de leurs bases. Le
rachat des appontements de Pauillac par la Chambre
de commerce de Bordeaux venait d'être accompli
(décret du 24 avril 1914), lorsque la guerre a éclaté.
Ils ont été, dès lors, utilisés pour le ravitaillement civil,
ainsi que pour les besoins des armées ; des contingents
de travailleurs, surtout des Marocains, furent envoyés
pour aider à la manutention. Les appontements avaient
été soigneusement construits, après dragages et sur
fondations solidement établies ; ils portent cinq voies
ferrées et des appareils de chargement un peu anciens,
mais fort bien entretenus ; ils comportent six postes
pour vapeurs de haute-mer et reçurent, pendant les
hostilités, de très nombreux chargements de grains et
de charbon. Ils ont été employés à l'origine, rappelons-
le, pour alléger les services à passagers de Bordeaux,
de sorte que les bâtiments de magasinage manquent
et que la gare maritime est demeurée réduite à des
proportions minimes. Ainsi peu utilisés, pendant plusieurs années, par le port principal, ils ne desservaient
guère, en fret, que les hauts fourneaux voisins, qui
consommaient du minerai de fer espagnol, de la houille
anglaise et dirigeaient leurs expéditions de fonte sur le
nord de la France. Quant à la navigation générale de la
Gironde, Pauillac n'y contribuait guère que par la
formation de pilotes, dont quelques-uns étaient des
professionnels réputés.

Les Américains ont, dès leur entrée dans les hositi-
lités, distingué Pauillac ; ils y ont dressé un camp, des
ateliers pour montage et réparations d'hydravions,
toute une cité administrative et militaire, avec un
bureau du Shipping board et des casernements pour
5.000 hommes ; le terrain nécessaire fut réquisitionné

à leur intention, en aval de la ville ; ils tracèrent des avenues à trottoirs de rondins, pareils à ceux de leurs cités neuves du Far-West et, faute de hangars, entassèrent le long des chemns pièces pour vagons, rails, charpentes de bois. A l'heure du rapatriement, Pauillac réembarqua, certains jours, 12.000 de leurs soldats. Il ne reste, de cette activité temporaire, que des baraques en planches, dont la plus vaste fut un cinéma, des dépôts passablement chaotiques et un moignon d'estacade, qui devait servir pour une station de torpilleurs. Mais la démonstration a été faite de la capacité de travail des appontements. La Compagnie du Midi, pour recevoir facilement son charbon, avait établi un ouvrage spécial en ciment armé, appontement, tapis roulant, silos, distribution par grues et commandes électriques ; un malheureux accident, en mai 1920, a rompu la passerelle de transport, inutilisant pour un temps cet ouvrage intelligent, peut-être un peu improvisé.

Partout ainsi, le long de la Gironde, s'est affirmée la tendance à dresser et spécialiser les efforts ; ce sont des indications essentielles à retenir pour le développement prochain du port. L'attention la plus vigilante doit être apportée au maintien des progrès acquis, entre tous l'approfondissement du chenal de la Gironde ; la montée jusqu'à Bordeaux, à pleine charge, ne doit pas être une chance irrégulière pour des paquebots tels que le *Lutetia* ou le *Massilia*, courriers de luxe de l'Amérique Latine. Or le *Massilia* a un tirant d'eau de 8 m. 10 ; sa longueur, 183 mètres, sa largeur, 19 m. 50 exigent des espaces considérables pour les manœuvres d'évitage ; des incidents d'échouage, même s'ils n'aboutissent qu'à ralentir la marche de ces paquebots entre deux marées, sont commentés par la concurrence étrangère et diminuent les profits à attendre d'années entières de travaux. Les services du port s'intéresseront aussi aux passagers qui n'ont pas la fortune suffisante pour consacrer plusieurs dizaines de mille francs à une seule traversée de l'Atlantique ; à cet effet, ils assureront, aux points d'embarquement, des jonctions tout au moins décentes entre le chemin de fer et le paquebot ; une ligne des quais est destinée à cet office, beaucoup plus justement qu'à acheminer des marchandises en transit à travers tout le mouvement urbain.

D'autres travaux rétabliront les embarcadères pour passagers, là où ils sont insuffisants pour le cabotage dans l'estuaire lui-même : à Pauillac, à la suite de l'effondrement d'une estacade vermoulue, les relations pour passagers sont rompues avec la ville ; il faut débarquer aux appontements, 2 kilomètres plus bas, ou transborder en rivière sur des barques et descendre sur un perré, atteint par la houle, envasé par les marées. Des services à compléter aussi sont ceux de pilotage à l'embouchure et de sauvetage. Le lazaret de Pauillac, disposé pour 600 pensionnaires, avec des salles d'isolement, répond à tous les besoins de l'hygiène, exagérés quelquefois par le formalisme bureaucratique ; un outillage de dératisation, plus constamment utile, a été acquis par la Chambre de commerce ; ce sont des précautions excellentes, mais la prudence exige une plus large prévision quant aux moyens de sauvetage ; en supprimant la concurrence entre les pilotes, qui se pressaient naguère au devant des navires, poussant fort au large de la Tour de Cordouan, ce ne sont pas, sans doute, les plus diligents d'entre eux que l'on a servis, ni les besoins du commerce et des passagers. Les praticiens de la rivière sont unanimes à protester contre ces pratiques, par trop administratives.

La question du port d'escale, à l'entrée de la Gironde, était réglée en principe dès la loi de 1910, par le choix du Verdon. Au moment de la guerre, le dessin général étant arrêté, la loi du 24 avril 1914 avait prescrit l'exécution, on allait procéder aux adjudications. Tout fut alors suspendu. Depuis l'armistice, les entretiens ont été repris entre les intéressés ; les Compagnies d'Orléans et du Midi ont défini les conditions de leur concours ; l'Etat, ici, n'aura pas à intervenir. On n'attend plus, au milieu de 1921, que le règlement des formalités de dernière heure pour se mettre à l'œuvre. L'avant-port du Verdon se prêtera au mouillage, le long de quais spéciaux, des paquebots grands courriers qui pourront ici, au prix de quelques heures seulement, s'assurer une clientèle pour toute la France méridionale, orientale et, sans doute, une partie de l'Europe Centrale. Mais il est clair que sa valeur ne serait pas complète, s'il n'était muni d'une gare maritime des plus confortables, où les passagers trouveraient des trains tout préparés, des bureaux de poste et de télégraphe, des comptoirs de change et des douaniers intelligents ; la ligne de l'ancien Médoc, entre le Verdon et Bordeaux, devrait être aussi transformée, rails lourds, courbes revues, doubles voies, pour la circulation des grands rapides. Quelques personnes avaient eu l'idée de creuser l'avant-port de Bordeaux sur la rive droite, à Talmont, un peu plus haut que le Verdon ; les travaux possibles avaient été étudiés par une société américaine, qui escomptait surtout l'intérêt

de rapprocher de Paris, sans un détour sur Bordeaux,
le port d'escale de la Gironde. Nous ne croyons pas que
ce projet ait été suivi et mieux vaut ne pas charger
les décisions finales des incertitudes d'une nouvelle
hypothèse.

Les services maritimes de la Gironde : Amérique, Afrique, etc...

Avant que le plan de 1910, y compris le Verdon, soit
achevé, Bordeaux, par la seule consolidation des progrès récents, par l'adaptation de son activité de guerre,
s'affirme un des premiers ports du continent et peut,
sans crainte, envisager un long avenir. Les ports de la
Manche et du nord de la France ont, depuis l'armistice, reconstitué la plupart de leurs lignes habituelles,
non sans réaliser d'intéressantes innovations ; chacun
définit mieux son objet propre et c'est à un partage
judicieux du travail national sur mer qu'il faut en
venir aujourd'hui entre nos ports. Dans cet ordre
d'idées, Bordeaux est qualifié comme port d'attache de
lignes au long cours sur l'Afrique Occidentale et Equa-
toriale, sur l'Amérique Centrale et le canal de Panama,
sur l'Amérique du Sud. Trois Compagnies principales,
transportant les voyageurs et la poste, assurent ces services Transatlantique, Sud-Atlantique, Chargeurs
Réunis. La Transatlantique exploite la ligne de
Bordeaux à Casablanca et, par correspondance, aux
autres ports du Maroc occidental ; plusieurs groupes
bordelais se sont intéressés récemment au Maroc, enga-
geant du personnel expert et des capitaux dans des
affaires de commerce général, d'irrigation, d'agriculture ; outre les courriers à passagers, la Transatlan-

tique fait circuler, parfois, entre la Gironde et le Maroc des cargos affectés notamment à l'importation des œufs, des porcs et du bétail. On souhaiterait une plus exacte entente, pour l'ensemble des relations franco-marocaines, entre les services qui ont leur port d'attache à Bordeaux et ceux qui partent de Marseille.

Bordeaux n'a pas conservé, sur les Etats-Unis, les services de passagers de cabine et de luxe, qui se sont naturellement reportés au Havre. Mais la Transatlantique a organisé, de Bordeaux sur Baltimore, un service de fret, avec connaissements directs avec toutes gares françaises des réseaux Orléans, Midi et toutes gares américaines de la Compagnie dite *Baltimore and Ohio Railway* ; ces commodités, d'ailleurs, ne sont encore que des projets, en raison de l'incertitude du régime des chemins de fer, de l'un et de l'autre côté de l'Atlantique, mais il convient de signaler, entre plusieurs autres analogues, cet exemple d'une collaboration active entre des ports français et des transporteurs par terre et par mer. Dans l'Amérique Centrale, c'est encore la Transatlantique qui, au départ de Bordeaux, dessert nos Antilles, Haïti et la côte voisine du canal de Panama. Les services au delà de Panama comportent encore des compléments et des retouches, notamment une correspondance bien établie avec d'autres lignes françaises qui remonteraient du Sud après avoir franchi le détroit de Magellan ; mais il est difficile d'organiser des relations définitives, tant que les litiges territoriaux qui divisent encore le Chili, le Pérou et la Bolivie ne sont pas totalement aplanis.

Le Brésil, l'Uruguay, la République Argentine sont le domaine de la Compagnie Sud-Atlantique ; à celle-ci revient l'honneur de présenter le pavillon français à

(*Cliché Pierre Barreau*)

Fig. 8. — Le *Massilia* (Cie Sud-Atlantique) dans le port de Bordeaux.

Rio-de-Janeiro, Montevidéo, Buenos-Aires, sur des paquebots de tout premier rang, qui offrent tous les raffinements du luxe le plus moderne. A ce titre, le *Lutetia* et le *Massilia* ne le cèdent à aucun bâtiment étranger. Le rétablissement de la ligne, dans l'automne de 1920, a été l'occasion pour le *Lutetia* d'une série de réceptions dans les capitales sud-américaines ; si l'on pense que cette magnifique unité avait été transformée en hôpital pendant la guerre et que le *Gallia*, du même type, fut une victime des sous-marins allemands, on se représentera l'effort que dut s'imposer la Sud-Atlantique pour remettre en marche cette exploitation, et sa hâte à terminer l'aménagement du *Massilia*. Outre ces grands « express », qui filent directement de Lisbonne sur Rio, la Sud-Atlantique envoie en Amérique, d'accord avec les Chargeurs Réunis, des paquebots mixtes qui touchent aussi en Espagne et à Dakar. Il conviendrait que les escales extrêmes soient reportées, au delà de Magellan, vers le Chili central, au tout au moins en Argentine, jusqu'à Bahia-Blanca. Les Messageries Maritimes, qui exploitaient avant la guerre la ligne Gironde-Plata, ont transféré leurs paquebots anciens et placé leurs belles unités neuves sur les lignes marseillaises de la Méditerranée et de l'Extrême-Orient.

La Côte Occidentale d'Afrique est reliée à la Gironde par les Chargeurs Réunis, ligne postale et ligne commerciale, desservant le Sénégal, la Guinée, toutes les colonies du golfe de Guinée jusqu'à l'embouchure du Congo, où Matadi, en territoire belge, est son terminus. La ligne postale part de Bordeaux, mais le point de départ de la ligne commerciale a été reporté à Dunkerque, avec escales au Havre et à Bordeaux ; très probablement, il sera poussé plus au Nord encore, à Anvers ; c'est une tentative heureuse pour réaliser entre Belgique et France, sur le domaine particulier, des relations maritimes ouest-africaines, l'intime solidarité économique qui doit, au lendemain de la guerre, affermir, par dessus des rivalités mesquines, une des chances les plus sûres de la paix. Ajoutons que les Chargeurs Réunis ont outillé, sur les lagunes et les estuaires du golfe de Guinée, des annexes pour transbordements et qu'une de leurs préoccupations est de spécialiser les cargos affectés à l'Atlantique austral : frigorifiques pour la Plata, greniers à bois pour la Côte d'Ivoire et le Gabon, etc... Ce progrès suppose qu'à Bordeaux même un outillage de réception et de distribution soit parallèlement développé ; on y travaille en ce moment.

Nous n'énumérerons pas ici les autres services, assurés par des Compagnies diverses ou des armateurs particuliers, qui apportent à Bordeaux les riz d'Extrême-Orient, les bois de la Baltique, les charbons britanniques, les minerais espagnols, les oléagineux d'Afrique, les machines agricoles d'Amérique, etc... Nous avons relevé plus haut l'importance des échanges entre la houille anglaise et les poteaux de mine des Landes ; parmi les produits régionaux appelés à soutenir l'exportation par poids lourds, les résineux se tiendront au premier rang, même lorsque l'industrie française en retiendra des contingents considérables pour des transformations dont elle ne laissera plus le bénéfice aux étrangers. D'autres articles d'exportation, véritables spécialités de la France du Sud-Ouest, doivent aujourd'hui retenir l'attention, non seulement les vins et les conserves supérieures des « plats cuisinés », mais aussi les conserves courantes de légumes, fruits, viande, poisson. La pêche s'est complètement transformée sur le littoral du golfe de Gascogne, depuis une quinzaine d'années, par l'introduction du moteur à pétrole ; des sardineries se sont installées sur des types modernes au bord du bassin d'Arcachon ; là aussi, l'ostréiculture s'est améliorée, ainsi que les procédés de transport des huîtres, au point que des expéditions sont normales à plusieurs jours de distance des parcs. Ainsi les pêcheries de l'Océan deviennent un des éléments de l'activité, même maritime, de Bordeaux ; pour la fabrication des conserves, il faut de l'huile fine, article d'importation d'Algérie et Tunisie, par exemple ; il y faut aussi du fer blanc, que l'on débite aujourd'hui en boîtes dans des usines bordelaises, mais dont la matière première arrive d'outre-mer.

Le renouveau industriel et les relations coloniales de Bordeaux

La tension persistante de notre change et les exigences des affréteurs étrangers ont déterminé en Gironde un renouveau de constructions navales et des entreprises orientées vers les colonies. Les chantiers Dyle et Bacalan ont lancé, en octobre 1920, un grand cargo, le *Jean-Stern*, monté de toutes pièces en huit mois, pour la Société des Affréteurs Réunis. Le commerce insista pour qu'un cabotage régulier rattache Bordeaux à Marseille, avec faculté de connaissements directs, pour toutes nos possessions de l'Afrique Orientale et de l'Extrême-Orient ; des Bordelais ont été, pendant la guerre, les premiers metteurs en œuvre des gisements de graphite, à Madagascar ; d'autres parti-

cipent aux transactions fondées sur les riz et les bois
de teck d'Indochine ; c'est à Bordeaux qu'ont été
constituées des sociétés françaises pour les mines
d'étain de la Malaisie et diverses entreprises au Siam.
Une maison d'armement et de commerce de Bordeaux
tient une place prépondérante dans l'Océanie française,
tant pour les transactions générales que pour l'extrac-
tion et la réduction du minerai de nickel ; on lui doit
d'avoir maintenu le pavillon national dans le
Pacifique, pendant la guerre, sur des vapeurs entrés
par le canal de Panama ; très vraisemblablement, ces
services sont appelés à un développement prochain.
Pour les transactions en vins, en fournitures pour
vignobles et chais, la Gironde est en relations cons-
tantes avec les ports de l'Afrique française du Nord.

Mais le domaine particulier à Bordeaux demeure
l'Afrique Occidentale, extension de notre ancien
Sénégal. Dakar, posé au point où l'ancien continent
se tend vers l'Amérique Méridionale, est un de ces
ports pour escales mondiales, dont l'Angleterre détient
tous les principaux. Ici, la France l'a devancée ; elle
a commencé, en marge de ses possesisons ouest-africaines, l'établissement d'une puissante station de
relâche où les navires de long cours doivent trouver en
abondance eau douce, vivres, charbon ; or les char-
bonnages de Dakar sont une création bordelaise, des
négociants de la place ayant ainsi marqué qu'ils com-
prenaient l'évolution nécessaire de la colonie. Pour
desservir des besoins plus expressément français, il
faut compléter la gare maritime de Dakar et concentrer
sur ce point les travaux de tous genres ; il faut organiser la pénétration dans l'intérieur, sans oublier que
l'essor des échanges correspond à celui d'une collabo-

ration équilibrée entre les indigènes et les Français ;
ici, les experts de l'Afrique Occidentale s'aperçoivent
qu'ils ont eux-mêmes des méthodes à corriger et qu'il
n'est pas, pour eux, de meilleur moyen d'éclairer la
politique générale du gouvernement parmi les noirs.
On constate volontiers que le commerce girondin
s'avance du Sénégal vers le golfe de Guinée et le
Congo ; il ne s'intéresse plus seulement à l'arachide,
mais aux palmistes, aux cacaoyers, aux bois d'œuvre,
au caoutchouc ; il vient d'aborder les anciennes
colonies allemandes du Togo et du Cameroun ; il
grandit en se différenciant ; des maisons jeunes apparaissent, à côté des doyennes, qui ne négligent plus
de se rajeunir.

CHAPITRE VI

LA SITUATION D'AUJOURD'HUI

**Bordeaux, « ville régionale » pourvue d'un grand port.
Problèmes de la circulation urbaine,
de la traversée du fleuve, de la transformation des gares.**

Un mouvement impitoyable, déclanché dès avant la guerre, mais précipité par elle, entraîne les sociétés du vieux monde et concentre sur quelques emplacements désignés à la fois par la géographie et par l'histoire, des activités longtemps disséminées et mutuellement ignorantes les unes des autres. Le problème d'une réorganisation régionale de la France est un de ceux qui s'imposent le plus clairement aujourd'hui à l'opinion et aux pouvoirs publics. On peut dire que les faits ont devancé les lois ; avant d'être désigné comme capitale de la « huitième région économique », Bordeaux en avait compris toutes les exigences ; il lui reste à s'en donner toutes les supériorités ; il convient, dans cet ordre d'idées, de partir du principe qu'il est un chef-lieu régional, muni d'un port. Les services du contact avec les routes de mer seront donc réglés en liaison avec les facultés actuelles et les progrès probables de toute une région de sol français ; dans

l'ensemble, les aménagements porteront sur les conditions de la vie domestique du groupe et de sa vie de
relation, en tant que foyer de rayonnement. Le gouvernement est disposé à prendre l'initiative d'une vaste
réforme administrative : il ne réussira que s'il lance
l'évolution de très haut ; la région « économique » n'est
sans doute qu'une expression adoucie pour épargner
des susceptibilités ; il s'agit de la vie nationale tout
entière, dans la plénitude de ses organes et de ses
besoins ; hommes d'affaires et hommes de science,
ouvriers, employés, patrons découvrent mieux peut-
être, dans les cadres inédits où ils se mouvront désormais, les raisons profondes de leur solidarité.

Il est frappant qu'à Bordeaux l'évolution soit sociale,
en même temps que technique ; quelques-uns en
restent surpris, d'autres s'y résignent malaisément,
parce qu'ils se sentent dépassés et gardent, jusque
dans leurs essais d'innover, l'emprise d'habitudes
devenues des préjugés. Mais le courant général est
irrésistible ; il emportera ceux que l'on pourrait, dans
tous les ordres, confondre sous l'appellation unique de
politiciens, gens de surenchère et gens d'intrigue,
extrémistes du bouleversement ou de la stagnation.
Une des premières réformes, dès à présent amorcée
par les municipalités de Bordeaux et des communes
contiguës, est la constitution d'un réseau unifié de
distribution de lumière, de force électrique et de
transports en commun. La voirie de Bordeaux a été
très éprouvée pendant la guerre, du fait de la circulation intense de véhicules lourds et spécialement de
camions automobiles ; les entrepôts français et américains, ont emmagasiné des quantités tout à fait anor-
males de marchandises ; tel d'entre eux, à Bassens, ne

disposait, sur l'agglomération urbaine, que d'une seule route empierrée ; d'autres, en ville, étaient établis sur des avenues déjà suivies par des tramways électriques, dont les voies n'ont pas tardé à dessiner des crêtes irrégulières en dessus de la chaussée. Des réfections locales ont paré, depuis lors, aux dangers immédiats, mais ce ne sont que des expédients provisoires. Le courant électrique est fourni à Bordeaux par une chute de la Dordogne à Tullières, en amont de Bergerac ; il est suffisant pour alimenter les réseaux de tramways, d'éclairage et de nombreuses usines diverses.

Quant aux tramways, l'exploitation est encore partagée entre une Compagnie dont les rails ne s'étendent guère hors de l'enceinte municipale et d'autres qui relient Bordeaux à sa banlieue ; la largeur des voies n'est pas uniforme, obstacle beaucoup plus sérieux à la coordination des services que les types divers des voitures. Un projet, déjà bien étudié, comporte réunion de ces Compagnies, urbaines et suburbaines, en une société nouvelle, qui travaillerait probablement en régie intéressée avec les communes desservies. Le réseau serait étendu dans plusieurs directions ; il doit englober d'abord la commune de Bègles, qui est, en fait, une ville industrielle annexe de Bordeaux ; il doit, au delà de Lormont, atteindre les appontements et les usines de Bassens ; au fur et à mesure que les bassins à flot seront agrandis, les rails de tramways en suivront le développement. Enfin, certains transports de marchandises par les trams, absolument exceptionnels aujourd'hui, pourront devenir normaux et faciliter ainsi l'approvisionnement des marchés urbains en denrées originaires de la banlieue ; c'est là un service tout à fait spécial, restreint aux dernières heures de la nuit qui n'encombre pas la circulation diurne des voyageurs ; il est pratiqué déjà en plusieurs villes, par exemple à Bilbao ; il sera, sans doute, inauguré avant longtemps à Bordeaux.

L'utilisation des quais, maritimes et fluviaux, puis la traversée de la Garonne, sont deux autres questions à l'étude. La plupart des hangars des quais sont présentement des enceintes simplement closes et couvertes, sans étages. A la fin de 1917, les trois principales Compagnies de navigation fréquentant le port de Bordeaux avaient soumis à la Chambre de commerce un projet portant construction, sur la partie aval des quais de la rive gauche, de hauts magasins à étages pour les marchandises, assortis d'annexes qui seraient réservées aux voyageurs ; on avait même pensé que les toits pourraient être réunis en une terrasse, ornée de plantes, et formeraient ainsi une promenade, — à peu près suivant la disposition adoptée à Anvers. Cette étude aboutit à un arrangement financier de principe entre la Chambre de commerce et les Compagnies intéressées, mais elle traîna longtemps ensuite dans les bureaux, elle fit le thème de conversations nouvelles, elle n'a pas encore abouti à une solution. Parmi les objections qui lui ont été opposées, la plus sérieuse nous paraît être que l'extension des bâtiments sur les quais ne saurait être poursuivie indépendamment d'autres améliorations de l'outillage, portant moins sur les moyens de chargement, qui sont dès maintenant convenables, que sur la voirie d'accès et d'évacuation, très insuffisante. On se préoccupera aussi de ne pas constituer des monopoles de fait au profit de sociétés puissantes et de réserver, au maximum, des commodités pour tous les concurrents.

La Garonne, dans la traversée de Bordeaux, est large d'un demi-kilomètre ; elle n'est actuellement franchie que par le pont en pierre, qui compte dix-sept arches et la « passerelle » en fer, réservée au chemin de fer, avec une simple allée latérale pour les piétons. Depuis longtemps, le commerce et la population réclament unanimement d'autres moyens de communication entre les deux rives ; les gondoles, petites et de type ancien, ne transportent que des voyageurs, avec des bagages à la main ; les vapeurs fluviaux de plus fort tonnage sont affectés à des services de port, ou parfois, en été, dénommés « trains de plaisir », descendent le fleuve jusqu'à Royan, les jours de fête. Des usines ont dû passer des contrats spéciaux pour transporter leurs ouvriers d'une rive à l'autre, au début et à la fin de la journée, ainsi qu'aux heures des repas. Il n'existe aucun bac pour les voitures et c'est, en aval du pont de pierre, toujours encombré, relié à la voirie intérieure par des rampes assez dures, une gêne considérable. Il ne faut pas troubler la navigation maritime, en réduisant encore l'espace qui lui est accessible en rivière, et cependant on ne saurait admettre que la Garonne coupe, sans passage praticable, toute la partie nord de la ville, qui est précisément la plus industrielle.

De là l'idée d'un pont à travée mobile, d'un transbordeur ou d'un tunnel métropolitain. Le premier eût été lancé dans l'axe de l'esplanade des Quinconces ; il ne semble pas que ce projet puisse maintenant être retenu ; les quartiers centraux de Bordeaux, rive gauche, ne sont pas de ceux qui fournissent un gros tonnage à la circulatoin urbaine. Il en est autrement des quartiers à chais, de Bacalan et des Chartrons, ainsi que des zones commerçantes et usinières proches des bassins à flot à gauche, des parcs à charbon et des chantiers de la Gironde à droite ; c'est à cette hauteur du fleuve que la communication nouvelle sera ouverte, par un pont à transbordeur du système Arnodin ; certes un pareil ouvrage, sur 5oo mètres de portée, est hardi, mais il y a des précédents ; on doit donc souhaiter que les pylônes, seuls achevés jusqu'ici, soient promptement reliés par le tabllier sur lequel courront les câbles porteurs de la nacelle ; celle-ci doit comporter deux allées pour voitures et deux trottoirs pour piétons. Quant au tunnel, qui serait théoriquement la solution préférable, on en a parlé quelquefois, mais on n'en est même pas aux avant-projets. En amont de la passerelle du chemin de fer, un autre pont est dès maintenant demandé, qui réunirait les nouveaux foyers industriels de Bègles et de Floirac-La Souys. En aval de Bordeaux, la Gironde ne peut plus être franchie par un pont, mais seulement traversée en bateau ; un particulier a organisé un va-et-vient par chaloupe automobile entre Blaye et Pauillac.

Les gares de marchandises de la cité régionale ont leur emplacement marqué à Bègles et à Bassens, hors des limites du groupe urbain central, et nécessairement reliées à lui par toutes communications modernes, tramways et téléphones. Bassens sera le triage commun des réseaux d'Orléans et de l'Etat, Bègles, celui du Midi et des Economiques ; quand ces ouvrages seront complets, Bordeaux possédera des organismes ferroviaires en correspondance avec la valeur de son port. Nous avons dit ci-dessus que Bassens est déjà beaucoup mieux qu'une espérance. Pour

Bègles, la Compagnie du Midi procède à des travaux
préliminaires pour y transformer largement les installations actuelles et y reporter petit à petit les services de sa gare des marchandises, dite de Brienne ;
les voies nouvelles se rapprocheront de la Garonne,
où elles seront en contact avec la navigation ; un port
fluvial, aux portes de Bordeaux, est une nécessité
aujourd'hui reconnue. La réforme des chemins de fer,
pendante devant le Parlement, doit, entre autres bénéfices, assurer celui d'un concours entre les voies de
navigation intérieure et les voies ferrées ; on s'aper-
cevra ainsi que pour la Gironde, en particulier, beaucoup de transports de grains, farine, charbon, etc...,
pourraient être confiés à la navigation, tandis que le
Midi, qui accumule des disponibilités sur les rails de
Bordeaux à Cette, distribuerait moins parcimonieuse-
ment son matériel sur des lignes où il n'est pas soumis
à la concurrence. Avec la voie de Ceinture, sans laquelle on n'eût pu envisager le libre développement du
quartier nord de Bordeaux, avec un pont pour chemin
de fer reliant, à la hauteur de Bègles-La Souys, les
triages du Midi aux réseaux de l'Etat et d'Orléans, le
système ferroviaire de la périphérie sera complet. Les
gares actuelles seraient affectées aux voyageurs et aux
messageries. Bien entendu, les Compagnies devraient
mettre leurs tarifs en concordance, pour expéditions
à destination ou en provenance d'une quelconque
des gares du plus grand Bordeaux.

Voies fluviales et voies ferrées d'accès à Bordeaux

Ainsi se pose, liée à celles de l'aménagement du
port, la question de l'accès par voies ferrées et voies

fluviales d'amont de la capitale régionale. Pour la voie fluviale, elle ne fournit même pas un dixième, actuellement, au mouvement du port maritime ; c'est qu'elle a été systématiquement délaissée, sauf pendant la guerre, alors que les voies ferrées ne suffisaient plus à des transports exceptionnels. L'approfondissement du chenal à 2 mètres, sous basses eaux, a été décidé par un décret du 20 juin 1906, ainsi que le renforcement des rives ; les communes en bordure du fleuve contribueraient à l'entretien, d'autant plus volontiers que les retouches de détail seraient présentées dans un programme d'ensemble, dont elles mesureraient mieux ainsi l'intérêt. Des sociétés de vapeurs fluviaux ont inauguré des convois, de plus en plus réguliers, entre Bordeaux, Toulouse et Cette ; elles demandent la mise des écluses au gabarit normal de France, soit 40 mètres de long, et la transformation du débouquement à Castets du canal latéral dans le fleuve, car il y a là présentement un passage difficile, voire, par certains courants, dangereux pour la batellerie. Port atlantique de l'isthme français, Bordeaux ne saurait se désintéresser de ce réseau navigable, qui unit la Gironde au Languedoc et au Rhône.

N'est-il pas possible, aussi, par les voies ferrées, de faire de Bordeaux la tête de ligne de relations régulières et rapides avec l'Europe centrale, Italie du Nord, Suisse, Allemagne méridionale ? Le premier trajet combine les programmes dits du 45° parallèle, et du Suisse-Océan ; le second, exactement approprié aux besoins de notre intégrité nationale restaurée, est un Bordeaux-Strasbourg, en correspondance avec d'autres trains sur la Bavière, la Tchéco-Slovaquie et la Pologne, ainsi que sur les pays du Rhin moyen.

Pour le 45ᵉ parallèle, la réalisation est acquise : au printemps de 1919, un express, quotidien dans les deux sens, fut mis en marche entre Bordeaux et Milan ; dans cette dernière ville, il correspond avec le « Simplon-Orient express », train de luxe quotidien entre Paris et Trieste, d'où des express le prolongent sur la Serbie et la Roumanie ; le Simplon-Orient express fut inauguré par S. M. la Reine de Roumanie, rentrant dans ses Etats après un séjour en France et en Angleterre. La partie occidentale de l'itinéraire ne présente aucune difficulté entre Milan et Lyon ; des rapides y circulent, depuis des années, par Turin et le tunnel du Cenis. Plus à l'Ouest, la section critique est celle de Lyon à Limoges, qui n'est pas encore adaptée à une circulation intense par trains lourds ; les Compagnies P. L. M. et d'Orléans, celle-ci surtout, auront à construire des raccourcis en pays de relief montueux ; l'application de la traction électrique y simplifiera le problème.

Dès maintenant, le voyage direct est assuré, de Bordeaux à Milan et au delà ; à Lyon est placée la bifurcation vers la Suisse. Ces itinéraires, assez nouveaux, ne sont pas encore empruntés par beaucoup de voyageurs, mais ils contribueront à déterminer des courants de marchandises et sont absolument conformes aux innovations politiques issues de la victoire de l'Entente : ils rapprochent de l'Atlantique français, ouvert sur l'Amérique, l'Italie du Nord, la Roumanie et les pays slaves du moyen Danube et des Balkans, riches de ressources agricoles et d'une main-d'œuvre recherchée de plusieurs côtés. Les relations de Bordeaux avec la Suisse ne se sont pas ralenties depuis la fin de la guerre ; nos voisins helvétiques sont grands consommateurs de denrées coloniales, qui leur arrivaient naguère par Hambourg .Leur industrie du chocolat est cliente des cacaoyères de l'Amérique centrale et de la côte de Guinée, pays qui rentrent dans le domaine des Compagnies de navigation habituées de la Gironde ; leur métallurgie, leurs chemins de fer emploient de grandes quantités de lubréfiants, dont beaucoup sont aussi d'origine ouest-africaine ; les résineux de nos Landes sont appréciés dans la Suisse industrielle de Zurich. Parmi les transitaires qui ont, dans ces derniers temps, renforcé beaucoup leur installation à Bordeaux, figure une notable maison génevoise, qui a compris des premières la valeur prochaine de ces relations.

L'itinéraire Bordeaux-Strasbourg n'est pas moins recommandable ; rien ne doit être épargné pour mêler intimement la vie de nos provinces retrouvées à celle du reste de la France. Pendant la guerre, puis la démobilisation, une ligne a été intensément exploitée, reliant nos régions du Sud-Ouest à celles de l'Est, sans passer par Paris ; on y achemina des troupes et des ravitaillements de tous genres. Depuis juin 1921 des applications nouvelles consacrent cet acte, imposé par les nécessités militaires, de décentralisation de nos transports. Nos agriculteurs des régions atlantiques réclament des engrais chimiques pour augmenter leurs rendements ; l'Alsace leur enverra des chargements de potasse ; elle recevra en échange, comme la Suisse, des denrées coloniales, des résineux, des vins. Une région de grande industrie comme celle de Mulhouse, un foyer intellectuel tel que Strasbourg sont intéressés à ouvrir des communications directes avec l'Océan par plusieurs itinéraires. On observe de

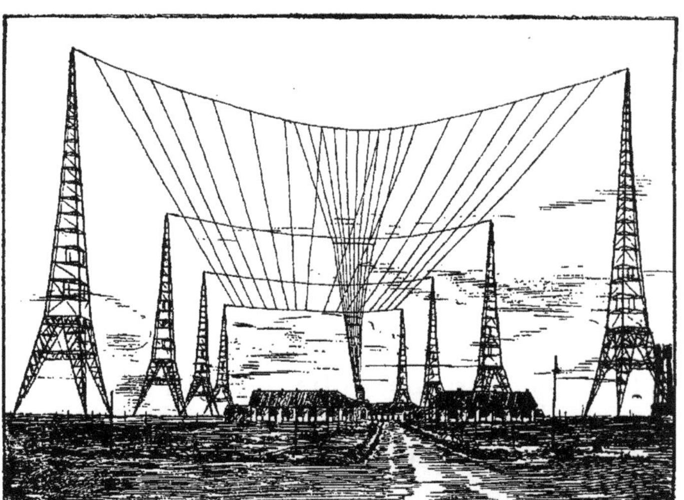

(Cliché Pierre Barreau)

Fig. 9. — Station de télégraphie sans fil Lafayette à Croix d'Hins, près Bordeaux.

plus, dans les milieux économiques girondins, que Strasbourg est un carrefour de routes internationales, tant fluviale que terrestres, une sorte de gare de triage entre la France, la Belgique, la Hollande d'une part, la Suisse et l'Europe centrale de l'autre ; c'est une des étapes principales du train direct du 50e parallèle, inauguré en juillet 1920, Paris-Prague-Varsovie, avec embranchement sur Vienne. Des municipalités de l'est de la France ont engagé des démarches pour faire passer par leurs villes les trains directs Bordeaux-Strasbourg ; d'ores et déjà, le premier tronçon nous paraît être fixé sur le parcours Bordeaux-Libourne-Périgueux-Limoges, qui retiendra d'autant mieux l'attention de la Compagnie d'Orléans qu'il appartient aussi au trajet Bordeaux-Lyon.

Les collaborations scientifiques ; l'Université de Bordeaux.

La vie moderne ne se contente pas de chemins de fer ; pour assurer entre les hommes des échanges rapides de produits et de pensées, elle utilise des inventions scientifiques plus récentes. Bordeaux est prévu, dans des projets gouvernementaux bien étudiés, comme un des puissants relais régionaux de nos réseaux télégraphique et téléphonique. Il offre, de plus, des conditions spécialement favorables à l'aviation et à la télégraphie sans fil. Pendant la guerre, la 18e région militaire fut une de celles où l'entraînement des aviateurs et le progrès des appareils furent poursuivis avec le plus de méthode et de succès ; des champs d'aviation étaient établis aisément, à peu de frais, sur le sol légèrement ondulé des Landes ; les étangs permettaient l'essai des hydravions. Dans ces derniers mois, l'idée a été lancée de créer, aux portes de Bordeaux, un aérodrome qui serait relié aux débarcadères des grands paquebots et d'où seraient transportés, par les airs, sur Paris notamment, courriers, colis urgents, voire passagers pressés ; il vaudrait la peine de discuter ce projet, presque immédiatement réalisable, en attendant l'avant-port du Verdon et la refonte de la ligne ferrée du Médoc. En matière de télégraphie sans fil, la station de Croix d'Hins, établie par les Américains à 20 kilomètres de Bordeaux, deviendra promptement une des plus puissantes, sinon la plus puissante du monde ; elle a reçu le nom de Lafayette, symbole des relations tout affectueuses qu'elle veut contribuer à développer entre les Américains et les Français ; ses premiers messages ont été lus à San-Francisco ; elle est tout indiquée pour organiser une liaison particulière avec Genève et devenir l'organe immédiat de rayonnement de la Société des Nations.

Nous touchons ici aux applications de la science la plus délicate et la plus neuve ; c'est assez dire qu'en une capitale régionale telle que Bordeaux, la collaboration sera contsante entre les établissements scientifiques et les services économiques. Relevons qu'à ce titre, l'Université bordelaise se réclame justement des plus vieilles traditions et des plus modernes succès ; elle s'est attachée à créer des enseignements et des laboratoires en concordance avec les besoins particuliers de la région, sans perdre de vue les disciplines classiques qui avaient fait, dès l'époque romaine, la réputation des écoles de Bordeaux. Elle prête ses locaux et ses professeurs aux travaux de l'Institut colonial, pour des leçons dont l'ensemble éclaire les jeunes gens sur les ressources de notre domaine d'outre-mer et les moyens de les mettre en valeur ; l'enseignement de la pathologie exotique, professé à la Faculté de médecine, trouve des sujets d'études cliniques et thérapeutiques parmi les marins de toutes origines qui fréquentent le port ; un laboratoire, qui n'est qu'à ses débuts, est réservé au caoutchouc ; l'arabe, enseigné près la Faculté des lettres, est une des langues vivantes admises à Bordeaux pour les examens du baccalauréat. Les recherches hispaniques sont en honneur à l'Université bordelaise, qui a fondé à Madrid un Institut d'études supérieures, à Bordeaux même un cours de portugais, et dirigea vers l'Amérique Latine des missions de plusieurs de ses professeurs .

La Faculté des sciences a inauguré, en France, des travaux méthodiques sur la viticulture, la préparation et la conservation des vins. Tels de ses professeurs ont ainsi contribué, pour une part qui ne fut pas toujours appréciée de ceux qu'ils servirent, à sauver des maladies cryptogamiques le vignoble bordelais, autrement dit à maintenir une des ressources essentielles du commerce et du port de Bordeaux. Dans le même ordre d'idées, l'on doit classer les cours de chimie agricole, d'électricité industrielle, — si précieux dans une région appelée à utiliser largement la houille blanche, — tout un enseignement, assorti de laboratoires, pour l'étude des produits résineux ; si « l'arbre d'or » de nos Landes ne soutient pas encore, dans la région, un mouvement industriel, alors qu'il fournit déjà les éléments de vastes transactions extérieures, la faute n'en est pas aux savants modestes qui ont laborieusement ouvert les voies, mais à l'indifférence prolongée de certains hommes d'affaires ; ils sont un peu mieux disposés, à ce qu'il semble, depuis la

guerre ; ils ont maintenant à portée, pour toute une
industrie issue des résineux, la soudière en exploitation de Mouguerre, près Bayonne ; les Landes doivent procurer au travail régional, à l'exportation par
Bordeaux (et aussi par Bayonne) des avantages bien
supérieurs à ceux que l'on relève aujourd'hui. Nous
signalerons encore l'activité des recherches sur la
pisciculture, à Arcachon et à Bordeaux ; un professeur de l'Université bordelaise, encouragé par la
Société de Géographie commerciale de Bordeaux, a
commencé là des travaux sur les pêcheries de notre
littoral ouest-africain, entrées depuis lors dans l'ère
de l'exploitation industrielle.

Il va sans dire que la ville et l'Université de
Bordeaux sont prêtes à recevoir en grand nombre les
étudiants du dehors ; il existe à cet effet des comités
spéciaux de professeurs et d'étudiants bordelais ; pendant la guerre et depuis lors, des contingents notables
d'Américains et de Serbes se sont inscrits à différents
cours ; ils ont, pendant leurs loisirs, visité la région
dont la plupart, rentrés chez eux, resteront des correspondants volontaires. Les retards, constatés ci-dessus,
de l'industrie hôtelière seront rattrapés avant peu ;
l'ouverture d'un grand hôtel moderne, en plein centre
de Bordeaux, n'est qu'un commencement. Un séjour
d'affaires en Gironde sera coupé agréablement par
des distractions artistiques et intellectuelles, de belles
représentations dramatiques dans un des plus élégants
théâtres de France, des concerts symphoniques justement réputés ; l'Ecole bordelaise des Beaux-Arts et des
Arts Décoratifs remonte à Louis XIV ; moins ancien,
le Conservatoire de Musique est aussi florissant. Si les
environs n'offrent pas le pittoresque vigoureux du

littoral de l'Océan ou des hautes montagnes, les vignobles et les châteaux du Médoc, les collines percées de grottes du Saint-Emilionnais, les rives tour à tour riantes et mélancoliques de la Garonne, les bruyères et les pins encerclant les étangs des Landes réservent au visiteur des impressions délicates et variées, qui se fondent en une sorte de charme très prenant.

N'imaginons pas que ces impondérables soient dénués de valeur économique ; l'ambiance de ce confort, nous l'avons observé déjà, endort quelque peu les activités, mais elle attire aussi des curiosités nouvelles et, au lendemain de crises comme celle dont nous sortons, elle diversifie et multiplie les chances du travail. Dès les premières années du siècle, sous la quiétude un peu paresseuse des fortunes faciles, on sentait à Bordeaux la préoccupation d'innover ; un banquier, très averti sur les affaires et sur l'esprit de ses compatriotes, y voyait monter une « vague d'initiative ». Si l'on veut apprécier comment ce mouvement, ralenti par la guerre, s'est précipité depuis, on n'a qu'à comparer les deux éditions, 1911 et 1920, du *Recueil des principales sociétés anonymes du sud-ouest de la France* (1) ; celle-ci comprpend des notices sur près de 550 sociétés, tandis que 220 figurent dans la précédente. Tout récemment, les créations nouvelles, les augmentations de capital de sociétés anciennes se sont multipliées ; la tendance est de faire valoir, par l'intervention de capitaux locaux, des ressources locales aussi. Encore doit-on dire que

(1) Publié par la Banque de Bordeaux, affiliée aujourd'hui au Crédit Commercial de France.

le négociant ou industriel du Sud-Ouest s'en tient, aussi longtemps que possible, au maniement de ses seuls capitaux, afin de garder seul le contrôle de son propre avoir ; c'est un fait caractéristique que la proportion des sociétés anonymes ait beaucoup crû en peu de mois, métallurgie et construction, produits chimiques, transports, placements immobiliers, entreprises coloniales, etc...

Les foires d'échantillons de Bordeaux sont un autre symptôme des mêmes préoccupations. On put craindre un moment qu'il y eût double emploi et donc perte de forces vives entre les foires de Paris, de Lyon et de Bordeaux ; l'expérience a déterminé un partage d'attributions, chacune de ces réunions conservant une sorte de spécialité régionale. Bordeaux tient la foire du vignoble et du vin, ainsi que des produits coloniaux, surtout d'Afrique. Trop générale, la Foire n'eût été qu'une manifestation sans portée, une dépense inutile ; limitée à des catégories définies de produits, elle doit attirer une clientèle de gens d'affaires ; dans ces conditions, sa publicité ne fait pas tort à celle d'autres métropoles et l'on prévoit que les diverses cités intéressées se mettront d'accord pour organiser leurs foires en cycles, qui permettront à leurs visiteurs des « circulaires » à la fois attrayants et profitables, à travers plusieurs des aspects de l'activité française. En 1920, la Foire de Bordeaux fut soulignée par une « semaine de tourisme colonial », qui a réuni des représentants de toutes nos possessions d'outre-mer ; des résolutions ont été prises, tendant à resserrer par des voyages et des correspondances personnelles les liens économiques entre la région girondine et les colonies qui en relèvent plus particulièrement. La Foire est dirigée par une société anonyme, dont le siège est à la mairie de Bordeaux.

Ce dernier trait accuse la coopération des pouvòirs publics avec les groupes particuliers, pour des œuvres nouvelles d'intérêt général. Une telle collaboration est indispensable, lorsqu'il s'agit de pourvoir d'œuvres sociales une vaste agglomération urbaine ; les autorités facilitent l'acquisition des terrains, abrègent les formalités administratives, souvent encouragent les initiatives par des subventions. A Bordeaux, le goût a toujours été vif pour ces institutions sociales, qui apparaissent un corollaire de toute vie économique tant soit peu développée ; aussi bien ce qui serait superflu dans une société où l'isolement familial demeurerait la règle ordinaire, devient-il immédiatement nécessaire là où un mouvement plus large oblige à des contacts quotidiens tous les participants à des tâches communes ; tel est présentement le cas à Bordeaux. Les premiers essais, sous des proportions réduites, pouvaient n'engager que des souscriptions désintéressées ; il n'en est plus de même, lorsqu'il faut, pour une agglomération de 4oo.ooo habitants, des bains-douches, des habitations à bon marché, des jardins ouvriers, etc... La formation professionnelle des ouvriers avait été négligée pendant la guerre, qui a déclassé toutes les activités ; aujourd'hui qu'il faut préparer des générations de jeunes, dont le travail remplacera celui des disparus ou des mutilés, chacun doit s'efforcer de donner son rendement maximum ; Bordeaux a été l'une des premières villes de France à constituer une Chambre des Métiers, où patrons et maîtres ouvriers se rencontrent pour orienter le choix des apprentis et guider leurs débuts dans leur profession ; à mesure que l'industrie se spécialise, elle réclame plus de travailleurs qualifiés ; cette promotion apporte, elle aussi, une valeur complémentaire au progrès économique d'une région.

Conclusion

Nous avons, dans les pages qui précèdent, exposé successivement ce que la nature a fait pour la Gironde et ce que l'homme y a ajouté. La série des Ports de France, dans laquelle la présente étude prend place, fera ressortir assurément, pour plusieurs autres parties de notre pays, les conclusions que nous posons ici pour Bordeaux. Dans les épreuves de l'heure présente, pour mener à bien l'œuvre de notre restauration, pour imposer le respect à nos adversaires d'hier et à nos amis une confiante sympathie, pour parer aux besoins nationaux en rendant quelque souplesse à nos budgets, ce sont des occasions de travail qu'il faut partout faire sortir du sol français. Nous serions heureux d'avoir montré comment, dans la région de Bordeaux, on semble s'inspirer désormais de cette règle d'action : ampleur plus compréhensive des travaux publics, coordination de toutes les énergies diverses de production et de transport, association plus souhaitée, mieux équilibrée des muscles et des cervaux de tous ; forts des souvenirs et des gloires du passé, nous saluons avec confiance l'avenir du sud-ouest de la France, ordonné autour du plus grand Bordeaux.

TABLE DES MATIÈRES

CHAPITRE PREMIER

COUP D'ŒIL SUR L'HISTOIRE

Les Origines de Bordeaux...................................... 1
La Ville romaine 4
Le Moyen-Age et la domination anglaise........................ 7
La vie locale et l'administration des rois de France.......... 8
L'apogée de la fortune de la Gironde au XVIII° siècle......... 13
La période contemporaine...................................... 17

CHAPITRE II

L'AGGLOMÉRATION BORDELAISE

La ville. — Aperçu d'ensemble. — Caractéristiques des monuments et
   des quartiers.. 20
La proche banlieue et ses transformations récentes............ 30
L'activité spéciale de la période de guerre................... 36
Les éléments nouveaux de la population et de l'essor économique.... 40

CHAPITRE IlII

LE FLEUVE

La Garonne en amont de Bordeaux............................... 43
La traversée de la ville...................................... 47
En aval, sur la rive droite. Lormont et Bassens............... 50
Le Bec d'Ambès et le confluent de la Dordogne ; Libourne...... 54
Les falaises de Bourg et de Blaye............................. 57
Sur la Rive gauche : Le Médoc, vignobles et landes. Pauillac,
   Le Verdon... 59
Conditions de la navigation en Gironde. — Les marées et les cou-
   rants ; les seuils et les fosses.................... 63
Les passes de l'embouchure.................................... 66

CHAPITRE IV

LE PORT JUSQU'A LA GUERRE

Les premiers travaux en rivière, au XIX siècle* 69
La situation vers l'année 1900 : le port amont, l'outillage des quais urbains, le bassin à flot 75
Les appontements de Pauillac 78
Quelques chiffres sur le mouvement commercial 80
Le programme de 1910 : le port urbain, les quais, les bassins à flot, l'écluse de Grattequina ; l'avant-port du Verdon 84
Le rachat des chemins de fer du Médoc et de la ligne de Ceinture ... 95

CHAPITRE V

LE PORT PENDANT LA GUERRE

Les afflux extraordinaires et l'embouteillage des premiers mois 98
L'arrivée des Américains 102
Les « travaux d'attente » dans le port urbain et en rivière 107
Les appontements et l'outillage industriel de Bassens 107
Les innovations acquises ou en cours à Blaye, à Libourne, à Pauillac, au Verdon 112
Les services maritimes de la Gironde : Amérique, Afrique, etc 119
Le renouveau industriel et les relations coloniales de Bordeaux 124

CHAPITRE VI

LA SITUATION D'AUJOURD'HUI

Bordeaux, « ville régionale » pourvue d'un grand port. Problèmes de la circulation urbaine, de la traversée du fleuve, de la transformation des gares 127
Voies fluviales et voies ferrées d'accès à Bordeaux 133
Les collaborations scientifiques : l'Université de Bordeaux 138
Conclusion. 145

www.ingramcontent.com/pod-product-compliance
Ingram Content Group UK Ltd.
Pitfield, Milton Keynes, MK11 3LW, UK
UKHW021256180726
13837UKWH00007B/466